袁涤非　主编

国礼仪文化丛书

ese Etiquette Culture Book Series

言谈礼仪

中国礼仪

□刘吉力　郝锐　王牛　编著

东北大学出版社

"中国礼仪文化丛书"编委会

主编：袁涤非

编委（以姓氏笔画为序）：

马 丽	马丽萍	王 牛	王姿琰	申 佳	宁爱平	朱 娜	朱海燕
李 霞	李飞鸿	杨湘雨	肖娅晖	陈 礼	陈 莉	陈枳齐	何 芳
刘 芳	刘 珂	刘吉力	刘彦萍	罗 辉	郝 锐	洪夏子	贺罗娜
谈 馨	曹 颖	黄 媛	黄建英	彭 露	彭蝶飞	辜 丽	程缨茵

© 刘吉力 郝 锐 王 牛 2018

图书在版编目（CIP）数据

中国礼仪. 言谈礼仪 / 刘吉力，郝锐，王牛编著
. — 沈阳：东北大学出版社，2018.4（2025.1 重印）
（中国礼仪文化丛书 / 袁涤非主编）
ISBN 978-7-5517-1874-5

Ⅰ．①中… Ⅱ．①刘… ②郝… ③王… Ⅲ．①社交礼
仪－基本知识－中国 Ⅳ．①K892.26

中国版本图书馆 CIP 数据核字（2018）第 090624 号

出 版 者：东北大学出版社
地址：沈阳市和平区文化路三号巷 11 号
邮编：110819
电话：024－83683655（总编室） 83687331（营销部）
传真：024－83687332（总编室） 83680180（营销部）
网址：http://www.neupress.com
E-mail：neuph@neupress.com
印 刷 者：三河市万龙印装有限公司
发 行 者：东北大学出版社
幅面尺寸：170mm×240mm
印 张：12   字 数：203 千字
出版时间：2018 年 4 月第 1 版   印刷时间：2025 年 1 月第 2 次印刷
策 划：郭爱民   责任编辑：孙德海 牛连功
责任校对：杨世剑   封面设计：琥珀视觉

ISBN 978-7-5517-1874-5   定 价：58.00 元

— 序 —

于治国而言，"治国不以礼，犹无耜而耕也"；于修身而言，
"今人而无礼，虽能言，不亦禽兽之心乎?"礼仪是人内在品德修
为的外在表现，在中华民族的传统美德中占有十分重要的地位。
当前，中国特色社会主义伟大事业已进入新时代。"仓廪实而知
礼节"，在经济社会迅速发展、国人物质生活得到前所未有满足
的新形势下，礼仪文化建设作为社会主义思想道德建设的重要内
容，作为培育和践行社会主义核心价值观的重要手段，弘扬与规
范之，可谓恰逢其时。

中华民族是礼仪之邦，以编辑文献的形式约定礼仪规范古已
有之。西汉礼学家戴圣编纂的《礼记》（又名《小戴记》《小戴
礼记》），选编了秦汉以前的各种礼仪论著（如《曲礼》《檀弓》
《王制》《月令》《礼运》《学记》《乐记》《中庸》《大学》等）
49 篇，既确立了礼仪规范的基本标准（即"傲不可长，欲不可
纵，志不可满，乐不可极），又从道德仁义、教训正俗、分争辨
讼、尊卑长幼、宦学事师、班朝治军、莅官行法、祷祠祭祀等方
面阐述了礼仪的广泛用途，还制定了大至国家祭祀、小至家庭婚
丧之丰富而具体的行为规范，影响中国 1700 余年。然而，我国现
代礼仪文化研究起步很晚，对礼仪文化的研究还处于初级阶段。
礼仪文化作为一门内涵小、外延广的边缘学科，还远远不能满足
现代文明社会的需求，其科学性、系统性还有待提升到一个新的
高度。我和湖南省礼仪文化研究会的各位同人，在从事礼仪文化
的研究、教学、培训和推广过程中，常常因文献和教材不足而颇
感遗憾。同时，作为礼仪文化工作者，我们也感到自身所肩负的
重要责任。因此，我们试图通过撰著"中国礼仪文化丛书"为礼
仪文化发展作一些有益的探索，怀抛砖引玉之心，为礼仪文化不
断进步略尽绵薄之力。

对礼仪的分类，古已有之。传统礼仪有吉礼、凶礼、军礼、
宾礼、嘉礼"五礼"之说。我们选择《公务礼仪》《商务礼仪》
《服务礼仪》《医护礼仪》《形象礼仪》《生活礼仪》《言谈礼仪》
《餐饮礼仪》《职场礼仪》《涉外礼仪》《儿童礼仪》作为丛书的

11 个分册，一方面是因为这 11 个专题的礼仪具有鲜明的现代社会特点，贴近日常工作和现实生活；另一方面，它们所包含的礼仪文化内涵无疑是现代礼仪的应有之义。当然，这与我们当前对礼仪文化研究业已取得的成熟成果分不开。

丛书的内容选择偏重于实践。其一，注重继承和弘扬中华民族优秀礼仪传统。中华礼仪源远流长，几千年中形成的礼仪传统符合大多数国人的心理定势，其中相当大的部分现在仍然适用。其二，单设分册介绍涉外礼仪内容。全球化是当今世界大势所趋，文化大融合不可逆转。借鉴和吸收世界各地的优秀礼仪文明，有利于在国际交往中传播中华礼仪文化、展示国人礼仪形象。其三，中华人民共和国成立已近 70 年，有必要在社会主义核心价值观和公民道德规范框架下，建立新时代中国特色社会主义礼仪规范体系。我们尝试从贴近大众生活的 11 个方面入手，探索建立一套切实可行的，能提升公民道德修养、提高社会文明程度的礼仪规范，并通过我们的教学、培训和读者的阅读，身体力行予以弘扬。其四，除了社会大众需要遵守的一般礼仪规范，我们还根据部分特定场合、特定人群、特定职业的不同特点，有针对性地总结和制定了一些针对特殊需要的礼仪规范，以增强"中国礼仪文化丛书"的实用性，更好地指导人们把学到的礼仪规范运用到生活和工作中。

参与丛书撰写的 33 位作者，都是湖南省礼仪文化研究会的中坚力量。他们不仅是长期从事礼仪教学、研究的优秀学者，还是在医疗护理、企业管理、市场营销、心理咨询、幼儿教育等一线工作的佼佼者。他们既有较深厚的理论功底，也有丰富的实践经验。丛书凝聚着作者们的智慧及心血。那些娓娓道来的礼仪阐释、生动有趣的礼仪案例、标准规范的礼仪影像，一定能让读者诸君学有所获、学有所用，使大家成为真正有修养、有品位、有风度、有气质，懂得爱己爱人的现代人。

袁涤非

2018 年 4 月于岳麓山下

目 录
Contents

第一章 绪 论

第 二 章　家庭言谈礼仪

第 三 章　校园言谈礼仪

第 四 章 职场言谈礼仪

第 五 章 电子媒介虚拟空间言谈礼仪

绪论

　　在现代社会中，礼仪往往是衡量一个人文明程度的准绳，是一个民族精神文明及其进步的重要标志，是一个国家社会风气的现实反映。礼仪已经渗透到了社会生活的各个环节、各个领域，无论是对个人、对社会，还是对国家的发展，都起着越来越重要的作用。本章着重介绍中国礼仪的起源和发展，明确礼仪的内涵和定义，阐述礼仪的特征、功能和作用，介绍礼仪的一个重要组成部分——言谈礼仪，并对言谈礼仪中的体态语和听话能力分别作适当阐述。

　　礼仪是人类文明发展的产物，它随着社会的进步、历史的发展而逐渐形成。孔子认为，礼是"修身，齐家，治国，平天下"的基础，人"不学礼，无以立"。《荀子·修身》中"人无礼则不生，事无礼则不成，国家无礼则不宁"的阐述更是说明了礼仪的重要性。礼仪是人际交往的标尺、和睦相处的准则、营造和谐的法宝、维系感情的纽带，是一个人思想觉悟、道德修养、精神面貌和文化教养的综合反映，更是一个国家和民族社会风貌、道德水准、文明程度、文化特色、公民素质的重要标志。

第一节　礼仪概述

案例导入

从前有个人给自己做五十大寿，邀请了张三、李四、王五、赵六等前来赴宴。快到用餐的时候，发现赵六还未出现，主人开始有点着急，随口说了句："怎么该来的还没有来呀！"张三听到这句话后，心头暗想："这该来的没来，难道我们是不该来的？"于是拂袖而去。此时主人看到张三走了，而赵六还未到，又大叹一声："这不该走的又走了。"这时，李四面露不悦，心想："张三是不该走的，那么该走的难道是我？"于是也愤然离席。主人见状，便摊开手对王五说："我说的又不是他。"听到这话，王五更加不高兴了，心想："你说的不是李四，那么就是我了。"于是便不辞而别。本来一场高兴的寿宴，最后因为说话主人不当，弄得不欢而散。

同样是赴宴，有个能说会道的人是这么招待客人的。首先来了位朋友，他上前寒暄几句，问道："你是怎么来的？"那人回答："我是坐轿来的。"他立刻笑着回应："真是威风之至呀，果然讲究排场。里面请！"然后又来了位朋友，他也是这么询问，这人回答："我是骑马过来的。"他也是满面笑容回应："真是潇洒之至啊，很有风度。来，里面请！"之后又来了位朋友，他还是这么询问，那人回答："我家离这比较近，我是走路来的。"他上前握着朋友的手说道："真是从容之至啊，既环保又健身。里面请！"而第四位朋友来的时候，发现他每次都询问同一个问题，还能面面俱到、滴水不漏，于是欲有意为难主人一下，回答道："我是爬着过来的。"说罢，想等着看主人尴尬的表情，没想到主人灵机一动，回答道："您真是稳当之至啊，别人看见都要给您让道的。里面请！"听罢，这位朋友也十分高兴地入席了。

一、礼仪的起源与发展

中华文明上下五千年，中国素有"礼仪之邦"的美誉。五千年的悠悠岁月中，随着生产力水平的提升、社会的发展，人类社会化属性的日益增强，礼仪文化的内涵日渐丰富，终于达到今日之博大精深。但这种发展并未呈现出直线上升的趋势，其间的曲折跌宕，一如中国波澜壮阔的历史。

（一）礼仪的起源

从原始社会起，礼仪之根就开始萌芽，但当时的礼仪主要是一些礼节。最早的礼节用于对神灵的祭祀，所以就有了"礼立于敬而源于祭"的说法。

原始时期的人类面对变幻莫测的大自然，显得十分稚弱，无法解释千变万化的自然现象和突如其来的自然灾害，因此认为是鬼神、祖先在主宰人类的一切。人们开始用当时的一些精致、豪华的食具作为礼器进行祭祀，以表示他们对神灵、对祖先的敬畏，祈求保佑，祈求平安。这种祭祀活动可以看作礼仪的萌芽。

同时，随着家庭的形成，做父母的要抚养和关爱幼小的尚不能独立生活的子女；子女长大成人之后，则要赡养年迈的父母；兄弟姐妹之间也要互相关爱。早在尧舜时期，"五礼"（即父义、母慈、兄友、弟恭、子孝）就已形成，这对家庭成员之间的关系做出了明确的规定。这时，礼仪把家庭成员的言谈举止规范化了。

在社会活动中，人与人之间也渐渐形成了最初级、最原始的礼仪。在狩猎、耕种和部落之间的争斗中，同一群体中的人通过用眼神、点头、拉手等来示意互相之间如何配合。日常生活中，人们不自觉地用击掌、拥抱、拍手来表达欢快的感情，用手舞足蹈来表示狩猎获得食物的喜悦。人们之间这种相互的呼应、关照，逐步形成了一种习俗，这便是最初待人接物的礼节（现在的握手礼就始于原始社会），所以，礼仪成为当时人们交往沟通的一种"语言"。

原始社会后期，随着社会的发展，人们在生产和生活中的分工越来越细，于是产生了发号施令的领导者和服从安排的被领导者。为了维护领导者的地位，体现领导者和被领导者的等级差别，出现了尊卑有序、男女有别。例如：左尊右卑；在重大场合上，习惯以主人或东道主的左侧方位为尊位，其右侧为卑位。此时，礼仪又成了维系等级差别的需要，成为领导者教化子民、维持领导地位的工具。

所以，礼仪在萌芽时期，主要用于祭祀、规范家庭成员言行举止、人际交往中待人接物以及维护领导者的统治地位。

（二）礼仪的发展

每当中国进入一次大变革、大发展的历史时期，礼仪也随着时代的变迁而不断演变、充实和更新。漫长的礼仪文化发展史，可以大致分为礼仪孕育时期、礼仪形成时期、礼仪变革时期、礼仪鼎盛时期、礼仪衰落时期及现代礼仪时期。

1. 礼仪孕育时期

礼仪起源于距今百万年前的原始社会时期，随着人类逐渐进化而不断丰富、演变。在原始社会中、后期就孕育出早期礼仪的"胚胎"。比如，距今约 1.8 万年前的北京周口店人，已经会使用穿孔的兽齿、石珠作为装饰品，穿戴在脖子和手上。他们还会向逝去的族人周围撒放赤铁矿粉，以表示对族人去世的哀悼，这也可以说是中国历史上出现最早的宗教葬礼。

2. 礼仪形成时期

公元前 21 世纪至公元前 771 年，中国由金石并用时代进入青铜器时代。金属器皿的使用，把农业、畜牧业、手工业生产带到一个全新的时期。随着生产水平的大幅提高，除消费外，开始有了剩余，于是有了不劳而获的统治阶级与辛苦劳作的被统治阶级，由此产生了阶级对立，原始社会彻底瓦解。

在这个时期，由于中国刚从原始社会进入早期的奴隶社会，尊神活动仍被延续，并有日渐升温的趋势。在原始社会，由于缺乏科学知识，人们对于许多自然现象还不太理解，因此他们敬畏和祭祀"天神""河神"。在某种意义上，早期的礼仪是指原始社会人类生活的若干准则，也是原始社会宗教信仰的产物。

直至周朝，礼仪开始有所建树。周武王、辅佐周成王的周公，对周代礼制的确立都起到了重要作用。他们制作了礼乐，将人们的行为举止、道德情操等全部纳入当时的社会体制中，形成了一个尊卑有序的社会。《周礼》是中国流传至今的第一部礼仪专著，整理了周朝的官职表，用于讲述周朝的典章制度。由此可见，许多基本礼仪在商末周初便已基本形成。

在西周，青铜礼器已开始盛行，它是个人身份的象征——礼器的多寡代表身份地位的高低，显示权力的等级。在当时，贵族身上一般都佩戴成组的玉石，以显示身份地位。同时，尊老爱幼这类深入人心的礼仪规范在西周已蔚然成风，如当时孔子的"入则孝，出则悌，谨而信，泛爱众，而亲仁，行有余力，则以学文”，孟子的"老吾老以及人之老，幼吾幼以及人之幼"等都成为教育后人尊老爱幼的名言警句，至今也是人们的行为准则。所以，西周时期应该是礼仪的形成时期。

3. 礼仪变革时期

春秋战国时期，以孔子、孟子为代表的儒家系统地阐述了礼仪的起源、本质和功能。儒家文化一直主导着我国封建社会，影响达几千年之久。儒家思想宣扬"礼教"，提出以"修身""真诚"为本，认为在各种伦理关系中，对人诚实无妄才是"礼"的最高境界。孔子非常重视礼教，将"礼"作为治国、安邦、平天下的基础，他倡导用"礼"来约束和规范人的行为准则，认为："不学礼，无以立。""君子义以为质，礼以行之，孙以出之，信以成之。君子哉！"意思是说：君子要以义作为根本，用礼加以推行，语言表达要谦和，待人处世态度要真诚，这才称得上是谦谦君子。孟子提出"五伦"（即君臣、父子、兄弟、夫妇、朋友五种人伦关系），倡导父子之间有骨肉之亲，君臣之间有礼义之道，夫妻之间挚爱而又内外有别，老少之间有尊卑之序，朋友之间有诚信之德。这是处理人与人之间关系的道理和行为准则。这一时期，除儒家之外，还有其他思想主张，如：道家崇尚自然无为、独善其身，主张废除一切礼仪；法家推崇强权政治，主张以法代礼；墨家主张平等、博爱、利他，以义代礼。各家的主张虽然不同，但正是这种百家争鸣、各种思想相互吸收和融合，才使礼仪的内涵发生了较大的变革。所以，春秋战国时期是礼仪的变革时期。

4. 礼仪鼎盛时期

公元前221年，中国历史上第一个中央集权制的封建王朝——秦朝——建立了。秦始皇在全国推行"书同文""车同轨""行同伦"，成为延续两千余年的封建体制的基础。

西汉初期，思想家董仲舒把封建专制制度的理论更加系统化，提出了"唯天子受命于天，天下受命于天子"。他把儒家礼仪概括为"三纲五常"，即"君为臣纲，父为子纲，夫为妻纲"和"仁义礼智信"。他还提出了"罢黜百家，独尊儒术"的思想，让儒家礼教成为了定制。

汉代，一部包罗万象、堪称集上古礼仪之大成的《礼记》问世，它把奴隶社会和封建社会的礼仪汇集成册，成为封建时代礼仪最经典的著作。其中，有讲述古代风俗的《曲礼》，有谈论饮食和居住文化的《礼运》，有记录家庭礼仪的《内则》，有记载服饰礼仪的《玉藻》，有论述师生礼仪的《学记》，还有教授人们道德修养的《大学》。《礼记》对礼仪分类论述，内容十分丰富。

唐宋时代，《礼记》已由"记"上升为"经"，出现了以儒家思想为基础，融合道学、佛学思想的理学，朱熹便是其中的主要代表人物。他指出："仁莫大于父子，义莫大于君臣，是谓三纲五常之本。人伦天理之至，无所逃于天地间。"这一时期对于家庭礼仪的研究也是成果颇丰。在大量的家庭礼仪著作中，《朱子家礼》《司马氏书仪》最著名。前者相传为朱熹所著，后者为司马光撰写。

所以，这一时期的礼仪研究硕果累累，礼仪形式的发展也日趋完善，忠、孝、节、义等礼节也日趋繁多。无论是内容还是形式，礼仪都进入了鼎盛时期。

5. 礼仪衰落时期

清朝入关后，开始逐渐接受汉族的礼制，并使其复杂化，让礼仪变得死板、烦琐。如清代的品官相见，当品级低者向品级高者行跪拜礼时，一般是一跪三叩，甚至三跪九叩。清代后期，贪污腐败盛行，官员腐化堕落，封建社会由盛转衰。随着洋务运动的兴起，西方礼仪开始传入中国，而西方礼仪与中国推崇的礼仪思想有很大的差异。所以，这一时期中国的传统礼仪规范无论是内容还是形式，都受到了西方礼仪的强烈冲击，出现了"大杂烩"式的礼仪思想，封建礼教开始土崩瓦解。

6. 现代礼仪时期

清末，鸦片战争打开了中国长期封闭的大门，国人开始了解西方的政治、经济、文化。大批爱国人士为寻找富民强国的道路，在把西方的文化、科技引入中国的同时，也把西方礼仪介绍进来。辛亥革命之后，封建王朝覆灭，中国人民为摆脱封建礼教的束缚而不断地进行变革。直到1949年10月，中国进入一个崭新的时期，封建礼教被彻底废除，逐步形成了现代礼仪。

改革开放以来，随着中国与世界各国交往的日趋频繁，在我国传统礼仪的基础上，融入了西方先进的礼仪文化，形成了中国特色的新型社会关系和人际关系，那就是：平等相处，团结友爱，互帮互助，礼尚往来。礼仪从内容到形式都在不断变革，构成了社会主义礼仪的基本框架，现代礼仪进入了全新的发展时期。2005 年，中央电视台一系列"迎奥运，讲文明，树新风"公益广告热播，各行各业的礼仪规范纷纷出台，如政务礼仪、商务礼仪、服务礼仪、教师礼仪、医护礼仪、国际礼仪等，社会上还出现了各种针对不同年龄、不同阶层的礼仪培训机构，如儿童礼仪、中学生礼仪、大学生礼仪、求职礼仪、职场礼仪等，人们越来越深刻认识到"不学礼，无以立"的道理，学习礼仪知识的热情日益高涨。

2017 年 10 月 18 日，习近平总书记在党的十九大报告中强调："要提高人民思想觉悟、道德水准、文明素养，提高全社会文明程度。广泛开展理想信念教育，深化中国特色社会主义和中国梦宣传教育，弘扬民族精神和时代精神，加强爱国主义、集体主义、社会主义教育，引导人们树立正确的历史观、民族观、国家观、文化观。深入实施公民道德建设工程，推进社会公德、职业道德、家庭美德、个人品德建设，激励人们向上向善、孝老爱亲，忠于祖国、忠于人民。"这是我们构建当代礼仪文化的指南。我们应遵循"取其精华，去其糟粕"的原则，将传统礼仪文化的精髓融入现代文化的体系，以社会主义核心价值观的构建为契机，促使礼仪意识变为礼仪行为。

二、礼仪的内涵与特征

礼仪无处不在，渗透于工作、生活的方方面面，不仅有时代的烙印，而且还会呈现出一些行业的特点与要求，但其基本的内涵始终是较稳定的。

(一) 礼仪的内涵

在古代，礼仪指的是为敬神而举行的各种仪式。如《诗经·小雅·楚茨》中"献醻交错，礼仪卒度"，讲的是古代在酒宴中主宾敬酒交互错杂，礼仪合乎法度。《周礼·春官·肆师》中"凡国之大事，治其礼仪，以佐宗伯"，意思是凡是涉及国家的事务，都应讲究合乎礼仪，用礼仪来辅助宗伯。这时对礼仪的基本定义是"致福曰礼，成义曰仪"，由此可知，当时的礼仪是为维护封建统治阶级而制定的基本制度和行为规范。

在现代，通常所说的礼仪是一种待人接物的行为规范，是一种交往的艺术表现。它是人们受历史传统、风俗习惯、宗教信仰、时代潮流等因素影响而在长期社会交往中形成的。礼仪既为人们所认同，又为人们所共同遵守，是在建立和谐关系的基础上各种符合客观要求的行为准则和规范的总和。但无论是古代还是现代，礼仪的内涵都具体表现在礼貌、礼节、仪表、仪式等方面。

礼貌，是指人们在彼此交往过程中表示尊敬、重视和友好的言谈举止。比如，我们经常会用"这个孩子真有礼貌"来表扬一个孩子主动与客人打招呼的举动。礼貌是以尊重他人、不侵害他人利益为前提的，是表达人与人之间和谐相处的意念和行为，如尊老爱幼、尊师重教、乐于助人、热情好客等。

礼节，是指人们在日常交际活动中，相互表示尊重、祝愿、问候、致意、慰问等待人接物方面的形式，如拜会、握手、馈赠、吊唁等。

仪表，是指人的外表、穿着，它主要指美的外在形象，引申为人的精神状态，如容貌、服饰、表情、姿态、风度等。

仪式，是指在一定场合举行的具有专门程序和形式的社会活动，如升旗仪式、奠基仪式、开学典礼、毕业典礼、剪彩仪式等。

所以，现代礼仪是人们在社会交往活动中，为了相互尊重，在仪容、仪表、仪态、仪式、言谈举止等方面约定俗成、共同认可的行为规范。"礼"是内在的，是人们对自己、对他人表示尊重和敬意的态度；而"仪"是外在的，是人们通过一定的动作、形式等表现出来的"礼"。"礼"是一种观念、一种意识、一种态度，而"仪"是外在的表现形式。"礼"字解决了，"仪"字迎刃而解；"礼"字不解决，即使懂得一些形式上的东西，也难以将其落实在行动上而形成习惯。"态度决定一切""心有敬而形于外"就是这个道理。

（二）礼仪的特征

同一历史时期，不同国家、民族、地域会有不同的礼仪规范，所谓"百里不同风，千里不同俗"。不同的历史时期，礼仪更会打下那个时代的烙印。礼仪的内容虽然存在差异，但其基本特征是一致的，主要表现为以下四个方面：

1. 继承性

礼仪，是一种文化修养，是人类在长期的共同生活和交往中，为维持正常生活秩序而逐渐演变或约定俗成的。在这个过程中，传统礼仪中那些烦琐、保守、与社会发展不适应的内容被不断摒弃，只有那些体现了人类精神文明和社会进步的精髓才得以世代传承。比如生活中我们常说"礼尚往来""来而不往非礼也"，说话要谦恭、和气、文雅，仪态要大方、恭敬、从容，仪表要端庄、得体、简洁，对待他人要知晓爱亲、敬长、尊师、亲友之道，等等。古往今来，这些优良传统在古代适用，在当今社会也同样适用，并已成为人们生活中的一种习惯和规范。所以，无论世事如何变迁，一些好的思想观念、礼仪传统总会代代相传，被延续继承。

2. 差异性

礼仪，作为一种共同遵守的行为规范，在实际应用中还会受到时间、地域、环境及各种因素的制约，具有很大的灵活性。任何国家、民族、地区都有其礼仪的特色，这是按照地域和群体来划分的，也是礼仪的一个十分重要的特点。一方面它表现在某个地域中或某类群体中具有共同的礼仪习俗；另一方面又说明地域与地域之间、群体与群体之间的礼仪习俗有不同的地方。各自不同的文化背景和历史原因等多方面因素造成了这种不同，也由此产生了多姿多彩的礼仪文化。比如，西方人在见面礼仪中讲究拥抱，提倡"女士优先"；但东方人大多将握手作为见面的礼节。有的地方把抚摸小孩的头当作亲切的表示，而有的地方却认为这是极无礼的行为。在庆典活动中，有的民族喜欢跳舞，有的民族喜欢唱歌，有的民族喜欢泼水。所以，每到一个新的地方，最好先了解一下当地的礼仪习俗，以便入乡随俗，这样更能体现对交往对象的尊重。

同一种礼仪，对不同年龄、不同性别、不同职业的人也会有不同的呈现方式。例如，同样是打招呼，男性之间与女性之间的问候方式会不同，老朋友之间与新朋友之间的问候方式也不同。再如，同样的话语，站在不同角度表述也会不同，对年轻人来说可能没有什么，可是对中老年人来说就可能会伤害他；对同性来说很正常，对异性来说可能就失礼了。正因为礼仪存在如此大的差异性，所以要求我们在不同的时间、场合都运用相应的礼仪来展现自己的风采，而不是生搬硬套、千篇一律，把礼仪变成一种死板的教条，那样反而会失礼了。

3. 针对性

人际交往讲究公平公正、一视同仁，但更讲究对等原则，即"投之以桃，报之以李""礼尚往来"，所以礼仪礼节具有很强的针对性。如公务接待时，应当派出与对方身份、职位基本相同的人员进行接待，迎送人员数量要适宜，不可过多或过少，基本上与对方对口、对等。一个单位的处长出访另一个单位时，被访单位也应由处长出面接待，至少要安排会见。

4. 规范性

礼仪是人们在交际场合待人接物时所必须遵守的行为规范。"必须遵守"，就是不能依据个人的意愿随意改变。它已经成为人们彼此交往的"通用语言"，成为衡量他人和判断自己是否自律敬人的标尺。如果人们能自觉地遵照并维护这一准则，那么便是符合礼仪要求。如果总是自作主张、一意孤行，或者一味按照自己的喜恶行事，那么就会给他人造成许多困扰。例如，别人握手时伸出右手，而你偏伸出左手；在宴席上，别人都在小口品酒，而你却大口干杯；开会时别人都把手机调至静音或震动模式，你的手机铃声却不时响起……这种偏离常规的做法，轻则造成沟通的障碍，使别人不清楚你要表达的意思；重则令人觉得你对他人失敬。所以礼仪一旦约定后必须俗成，具有强制性和规范性。

三、礼仪的原则与功能

礼仪是约定俗成的行为规范。既然是规范，当然有一定标准和尺度来衡量其是否规范。礼仪的规范很多，可以说是包罗万象，因为它涉及生活和工作的方方面面。但只要掌握了一些基本原则，复杂的问题也就简单化了。

（一）礼仪的原则

讲礼仪，应遵循以下四条原则：

1. 尊重原则

礼仪的核心是尊重，诚如孟子所言："尊敬之心，礼也。"所以，礼仪的实质只有一个字——"敬"。"敬"字包含两层含义：一是"尊敬"，即尊敬长辈、尊敬师长、尊敬交往对象、尊敬所有人，尊敬他人就是尊敬自己；二是"敬畏"，即敬畏制度、敬畏法律、敬畏生命。敬畏制度，你上班就不会迟到，因为你知道，这是最基本的劳动纪律；敬畏法律，你就不会做违法乱纪的事情，绝不触碰法律底线；敬畏生命，你就不会"酒驾"，就不会做危及他人生命的事情。一个人如果有了"尊敬"之心、"敬畏"之意，就一定会是一个有道德有修养、懂得爱己爱人的人。

尊重原则要求人们在人际交往中与交往对象相互尊敬、相互谦让、和睦相处。"尊重"二字，在实际生活中体现为：尊重上级，是一个人的天职；尊重下属，是一个人的美德；尊重客户，是一个人的风度；尊重所有的人，是一个人的教养。人际交往中，不管年龄大小、职务高低，都应当受到尊重。对待他人要有敬重的态度，不可失敬于人，不可伤害他人的尊严，更不可侮辱他人的人格。特别是对待自己的下属和晚辈，有时他们做错了事，虽然可以严厉批评，但切不可表现出任何的不屑和鄙视，否则你也不可能得到他们的尊重。如果遇到对方有意伤害自己尊严，要坚决维护。所以，人与人之间相互尊重，是人际关系中讲究礼仪的基本出发点。尊重原则也就成了礼仪的核心原则。

2. 遵守原则

礼仪是社会生活的行为准则，它反映了人们的共同意识。世界上各民族、各阶层、各党派、各国家，都应当自觉维护、共同遵守礼仪。尤其在公共场所，更要遵守礼仪规范，否则将受到公众的批评和指责。例如，在马路上，要遵守行人走人行道，骑自行车走右侧自行车道，遇红灯要止步、见绿灯才通行等规则。在日常交往中，尤其是拜访他人或求人办事之时，要遵时守约、诚恳待人。

3. 适度原则

俗话说"礼多人不怪"，但在实际生活中，礼多了人也怪。热情过度、礼节繁多，会显得太过迂腐，反而让人反感、厌恶。例如，招待宾客时，周到地为客人端茶添水，请人就座，这都在情理之中；但如果宾客第一次来访，用餐之后起身告辞，主人却硬要留人夜宿，反而会显得太过热情，让人为难，甚至会引起对方的反感。因此，人际交往中言行举止既要合乎规范，又要得体适度。俄国短篇小说家契诃夫《小公务员之死》中的主人公"小公务员"，就是礼仪不适度的典型案例。

4. 自律原则

个人是礼仪行为的实施者，应当首先"从自我做起"，要人前人后一个样，要一视同仁，才能创造出自然和谐的相处氛围。礼仪规范不是用来约束别人的，而是用来修正自己的言行，不断完善自我的行为准则。如果一味地苛求别人而放纵自己，只会变成"孤家寡人"。因此，在学习、应用礼仪过程中，最重要的是要自我要求、自我约束、自我检视、从我做起。要加强自身修养，完善个人人格。古人常将"慎独"二字写成书法作品挂在书房作为一种修身养性的方法，就是时时提醒自己独处时也要"谨小慎微"。其实，不断地自律就逐渐形成了习惯，所谓"习惯成自然"就是这个道理。养成良好的习惯，既可消除自我约束的感觉，也可使自律成为自觉。

(二) 礼仪的功能

礼仪是人类精神和物质文明成果的精髓，内容丰富，应用广泛，无论是对社会的和谐进步，还是对经济的发展，都有极大的促进作用，具体体现在以下几个方面。

1. 教育作用

礼仪以一种道德习俗的方式对社会中的每一个成员发挥维护社会正常秩序的教育作用。人们通过礼仪的学习和应用，建立新型的人际关系，从而在交往中严于律己、宽以待人，互尊互敬、互谦互让，讲文明、懂礼貌，和睦相处，形成良好的社会风尚。陶行知校长用四块糖果教育学生要守时，要勇于承认自己的错误，要懂得尊重他人的故事就是在用礼仪教育人、塑造人。

2. 美化作用

礼仪之美在于它帮助人们美化自身、美化生活，从而美化整个社会。个人形象，包括仪容、仪表、仪态、谈吐、教养等，在礼仪方面都有各自详尽的规范，因此学习和运用礼仪，有益于人们更好地、更规范地设计和维护自身形象，充分展示个人的良好教养与优雅风度。如面带微笑、有礼貌地跟人打招呼，不小心碰撞他人时说声"对不起"，大庭广众之下轻声细语，这些都能展现自己美的形象。作为社会成员的每个人变美了，整个社会也就变美了。

3. 协调作用

礼仪作为人们在社会生活中逐渐形成的行为规范和准则，它约束着人们的态度和动机，规范着人们的行为方式，维护着社会的正常秩序，协调着人与人之间的关系，在社会交往中发挥着巨大的作用。比如，上班前向父母打个招呼，见到同事热情问好，这些看似细小的礼节礼貌，会像一条美丽的纽带，把自己同对方紧密地联系起来，协调与他们之间的关系，从而获得周围人的认可与赞美，营造良好的人际交往氛围，让生活环境更加舒心、更加和睦。

4. 沟通作用

自觉遵循礼仪规范，能使交往双方的感情得到良好的沟通，在向对方表示尊重、敬意的过程中，获得对方的理解和尊重。例如，在社交场合司空见惯的握手礼，是古时人们为了表示友好，扔掉手上的工具，摊开手掌，双方击掌，示意手中没有任何武器，不会攻击对方。后来逐渐演变成双方握住右手，相互寒暄致意的见面礼节。这样的无声语言，起到了互致友好、沟通情感的作用。

习近平总书记在党的十九大报告中指出："社会主义核心价值观是当代中国精神的集中体现，凝结着全体人民共同的价值追求。要以培养担当民族复兴大任的时代新人为着眼点，强化教育引导、实践养成、制度保障，发挥社会主义核心价值观对国民教育、精神文明创建、精神文化产品创作生产传播的引领作用，把社会主义核心价值观融入社会发展各方面，转化为人们的情感认同和行为习惯。坚持全民行动、干部带头，从家庭做起，从娃娃抓起。深入挖掘中华优秀传统文化蕴含的思想观念、人文精神、道德规范，结合时代要求继承创新，让中华文化展现出永久魅力和时代风采。"文明礼貌、助人为乐、爱护公物、保护环境、遵纪守法是中华优秀传统文化蕴含的思想观念、人文精神、道德规范。礼仪修养既属于道德规范体系中的社会公德，是社会主义精神文明的内容；也符合千百年来优良传统的习惯，是适应最大多数人需要的道德伦理规范。因此，礼仪是和谐社会的基本要求，是人们希望有安定和平生活环境、有正常社会秩序的共同要求，更是和谐社会中全体公民为维系社会的正常生活而共同遵循的最基本的公共生活准则，是不可或缺的行为规范。

📃 延伸阅读

[1] 姬仲鸣,周倪.孔子:上卷[M].北京:中央民族大学出版社,1998.

[2] 姬仲鸣,周倪.孔子:下卷[M].北京:中央民族大学出版社,1998.

[3] 杨朝明.荀子[M].开封:河南大学出版社,2008.

[4] 黄怀信.大学 中庸讲义[M].北京:清华大学出版社,2013.

[5] 司马光.资治通鉴[M].太原:北岳文艺出版社,2013.

[6] 刘同.谁的青春不迷茫[M].北京:中信出版社,2012.

[7] 李清如.跟杨澜学做完美女人[M].武汉:武汉出版社,2012.

[8] 周小平.请不要辜负这个时代[M].海口:南海出版公司,2014.

视频链接

1. 中国大学视频公开课《现代礼仪》第二课"仪表仪态"。http://open.163.com/movie/2011/10/4/F/M7GFJSVBV_M7GUB604F.html。

2. 中国大学视频公开课《现代礼仪》第三课"言谈礼仪"。http://open.163.com/movie/2011/10/H/3/M7GFJSVBV_M7GUB64H3.html。

3. 国家精品在线开放课程（慕课）《现代礼仪》第一章。http://www.icourse163.org/course/HNU－20005。

4.《百家讲坛》特别访谈节目《解读于丹》。https://v.qq.com/x/page/m0168frlwzt.html。

第二节　言谈礼仪概说

案例导入

有一次，周恩来总理举行记者招待会，介绍我国建设成就。一个西方国家记者提问："请问，中国人民银行有多少资金？"周总理委婉地说："中国人民银行的货币资金嘛，有18元8角8分。"看到众人不解的样子，他又解释说："中国人民银行发行的面额为10元、5元、2元、1元、5角、2角、1角、5分、2分、1分的10种主辅人民币，合计为18元8角8分……"这个西方国家记者提出这样的问题，可能是想嘲笑中国穷、国库空虚，也可能是想刺探中国的经济情报。周总理在外交场合的言谈，既显示了过人的机智幽默，又不失礼仪，让人折服。（引自孙汝建《口语交际艺术》，有删改）

一、言谈与个人素养

语言是人们交流思想、表达感情、传递信息、进行交际的媒介。人拥有好的口才，可以创造性地、出色地运用言谈技巧，获得最佳的言谈效果，体现出较高的个人素养。《周易·系辞上》有言："言行，君子之枢机。枢机之发，荣辱之主也。"把言谈看成君子求荣抑或取辱的根本所在，言谈之于个人的重要性不言而喻。在美国学者里思提出的鉴别优秀儿童和学生的心理准则中，"口头表达的熟练程度""思维流畅""思维灵活"等三项都涉及言谈，可见言谈能力是个人素质的重要组成部分，缺少此项能力的综合素质必定是不完整的。

（一）言谈体现聪明才智

好的言谈是一个人聪明才智的体现。一次，清代几个盐商在扬州的瘦西湖宴请诗人金农。席间每人念一句古诗，必须含有"飞""红"两字作为酒令。轮到某个商人时，苦思不得。正待罚酒，他突然说："有了！'柳絮飞来片片红'。"众人都说，柳絮是白的，怎能"片片红"呢？笑他编造得太荒唐。金农为他解围说："这是元人咏瘦西湖诗中的一句，写景十分确切。"大家说要听听全诗。金农灵机一动，说："廿四桥边廿四风，凭栏犹忆旧江东。夕阳返照桃花渡，柳絮飞来片片红。"扬州古代有二十四座名桥，风光各异。金农思量白色的柳絮只有在夕阳和桃花的映照下才能变成红色，就此随口杜撰为元人诗作，众盐商为之赞叹不已。

古希腊哲学家赫拉克利特说过这样一句话："走过一条河流的人，经常遇到新的水流，因此人不能两次踏进同一条河流。"这说明，万事万物都是变化发展的，一成不变的事物是没有的。口才训练需要摆脱常规思维方式的束缚，善于机智地适应眼前瞬息万变的现实难题，迅速找到解决的途径，方能"如悬河泻水，注而不竭"。诗人金农正是因为懂得变通、善于思考才能化解难题。

正如莎士比亚所说："幽默和风趣是智慧的闪现。"清代智辩者纪晓岚为官五十多年，深得乾隆、嘉庆二帝的赏识和信任，这与他的才思敏捷、能言善辩有很大关系。有一次纪晓岚与和珅饮酒，这时有一条狗从门前跑过。和珅指着这条狗说："是狼（侍郎）是狗？"（当时纪晓岚任侍郎，和珅任尚书）纪答："垂尾是狼，上竖（尚书）是狗。"纪晓岚利用谐音双关，机智地回击了和珅的挑衅，可谓既幽默又有力。

毛泽东主席当年对那些刚愎自用、脱离群众的领导干部，通过幽默的话语进行了善意的批评："我们现在有些第一书记，连封建时代的刘邦都不如，倒有点像项羽。这些同志如果不改，最后要垮台的。不是有一出戏叫《霸王别姬》吗？这些同志如果总是不改，难免有一天要'别姬'就是了。"这段风趣的话引来阵阵笑声。在笑声中，人们很自然地受到了教育。

（二）言谈体现思维能力

言谈不仅是言语技巧问题，还是一个人思想深度的体现。一个人具有剖析事理、探讨真理的能力，才能产生鞭辟入里的言辞。

传说战国时有一个齐人去见田骈时恭维备至，颂扬他是不屑于做官的名流。这引起了田骈的兴趣，追问道："你是怎么知道我的名声的？"齐人说："我是从邻人的女儿那里知道的。这个'姑娘'标榜不嫁人，年近三十，已经生了七个孩子。不嫁是不嫁，可是比出嫁的人还会生孩子。您现在打着不做官的旗号，朝廷因您'清高'，给您千钟俸禄、一百多个随从，比做官的还富有。"田骈的虚伪被揭穿以后，惭愧万分。齐人用不嫁人的"姑娘"来类比田骈，以揭示田骈的真实面目，其言语尖锐而含蓄，强烈又不失风度，展示出齐人言谈的艺术、思维的深邃。

口才是说话的能力，逻辑是思维的能力。口才好主要是指口齿清晰、言谈得体，让人爱听且乐于接受；逻辑性强主要是指思维论证有力，令人折服。好的言谈要求语言表达具有内在的逻辑。

三国时代，孔融在10岁时，随父亲去洛阳拜见一位大官李元礼。当时去拜见他的人都是有才学有名望的，除此之外就是亲戚，普通人没有资格去拜见他。而小孔融竟直接去了李府，对看门的人说："我是李府上的亲戚。"看门的人只好替他通报。李元礼听说来的是亲戚，只好请了进去。就座之后，李元礼发现并不认识孔融，但既说是亲戚，又不好怠慢，于是很客气地问道："您与卑家是什么亲戚呀？"孔融答道："很早以前，我家的祖先孔子与您的祖先老子有师生之谊，所以，我和您应当是老世交。"这一番议论使得李元礼和在座的许多客人都很惊讶。这么一个10岁的孩子，居然说出了这样一番机智的话语，于是大家都对孔融肃然起敬，称赞他的口才了不起。

正在这时，"太中大夫"陈韪却不像大家一样给予赞赏，而是轻描淡写地说："小时了了，大未必佳。"意思是说，别看他小时候好像显得很聪明，等长大了却不一定很好。此话一出，客厅里的空气顿时紧张了起来，夸赞孔融的人碰了一鼻子灰，其他人也都呆住了。就在这种令人窒息的气氛中，孔融竟不慌不忙地开了腔："想必您小的时候，一定是很聪明的了。"陈韪一听，顿时羞红了脸，尴尬不已。因为在孔融的话中包含着另外一种含义：根据陈韪的逻辑，小时候聪明，大了不一定很好；而陈韪现在是这样的不好，一定是小时候很聪明了。"你现在是这样的不好"虽没有直接说出来，但意思是清楚的，谁都会想得到。

孔融以"小时了了，大未必佳"的话为前提进行推论以反驳陈韪。如果孔融没有一番析辩回击，就会白受奚落；但是如果没有逻辑在思维方面作为内在的基础，则只能"逞一时之雄"。因此，要想使口才立于不败之地，必须以逻辑作为内在的基础。

（三）言谈体现道德修养

谈吐有礼，反映的是一个人良好的教育基础和道德修养。有良好的教育，对人有礼貌，所显现的气质也会倍加高雅。在与人交谈时，倾听者对有礼者会肃然起敬。而没有教养的言行，会让人的形象大打折扣。

有个年轻人骑马赶路，见一位老汉经过，便在马上高声喊道："喂！老头儿，离客店还有多远？"老汉回答："五里！"年轻人策马飞奔，急忙赶路去了。结果一口气跑了十多里，仍不见人烟。他暗想："这老头儿真可恶，说谎话骗人。"他一边想着，一边自言自语道："五里，五里，什么五里！"他猛然醒悟过来：这"五里"不正是"无礼"的谐音吗？于是拨转马头往回赶。见到那位老人，他急忙翻身下马，亲热地叫了一声"老大爷"。他话没说完，老人便说："你已经把客店错过去了。前方路程尚远，如不嫌弃，可到我家一住。"

这是一则流传很广的故事，它告诉人们在说话过程中讲究礼貌的重要性。"人而无礼，不知其可"，粗俗的言行与讲究言谈礼仪必将产生截然不同的效果。

语言是思想的衣裳，它可以表现出一个人的高雅或粗俗。如果你想要联络情感，使社交畅通无阻，就应得体地运用礼貌谦词，如"您好""谢谢""请""对不起""不客气""再见""请多关照"等。

在交往中得体地使用礼貌语言和谦词，可以给对方留下良好的印象。与人相见，互道"您好"，再容易不过了。可别小瞧这一声问候，它传递了丰富的信息，表示尊重、亲切和友情，显示说话人懂礼貌、有教养、有风度。

美国人说话爱说"请"，说话、写信、打电报时都用，如"请坐""请讲""请转告"。传说以前美国人打电报，宁可多付电报费，也绝不省掉"请"字。因此，美国电话总局每年仅从"请"字上就可多收入1000万美元。美国人情愿花钱买"请"字，我们与人相处，说个"请"字既不费力，又不花钱，何乐而不为呢？

英国人说话少不了"对不起"，凡是请人帮助之事，他们总是先说声"对不起"："对不起，我要下车了。""对不起，请给我一杯水。""对不起，占用了您的时间。"警察对违章司机进行处置时，也要说："对不起，先生，您的车速超过规定。"两车相撞，大家先彼此说"对不起"。在这样的气氛下，双方自尊心同时获得满足，彼此彬彬有礼，争吵自然不会发生。这些言谈礼仪都能展现个人的道德修养。

（四）言谈体现文化素养

说话时词语或语句的选用反映出一个人的修养和学识。孔乙己常说"多乎哉，不多也"，专家学者说话也常常是"三句话不离本行"。

有一个故事，说的是3个老农冬天在太阳下聊天。其中一个说："我要是当了皇帝，让卫兵把村头的路全部封锁起来，不许别人来拾粪。"其他两人大笑。第二个说："我要是当了皇帝，天天吃烤地瓜。"第三个说："我要是当了皇帝，天天啥也不干，就蹲在墙角晒太阳。"可见，一个人的生活环境和学识修养会直接反映到他的语言中。

言谈与个人素养相互联系，相互作用。好的言谈需以较高的个人素养为基础，个人素养又通过言谈展示出来。哈佛大学前校长伊立特说过："在造就一个有教养的人的教育中，有一种训练是必不可少的，那就是优美而文雅的谈吐。"言谈教育对于培养个人素养具有重要意义。那么，怎样通过言谈来提高个人素养呢？这里有一些好的方法。

第一，注意谈话场合。每个场合有不同的言谈礼仪，如家庭、学校、聚会、公务等场合的言谈要求是不一样的，要懂得根据环境调整言谈，否则就会影响交际的效果。

某法院开庭审理一起盗窃案，被告对作案时间交代不清。为了核实，审判长决定传被告之妻到庭作证。由于过分着急，他脱口而出："把他老婆带上来！"法庭顿时哗然，严肃的气氛被冲淡了。

当时，审判长应该运用法庭用语，宣布："传证人×××到庭。"由于用日常用语取代了法庭用语，不适合场合，因而很不得体。

汉语词汇丰富，表达情感细腻。只有依据不同的场合，选取最恰当的词语，才能准确地表达情感。比如，教师在向孩子家长表达孩子的自控能力还不够时，不说孩子自控能力"差"，而说"弱"，一字之差却能体现对孩子的理解与尊重。

第二，选好谈话内容。一个懂得言谈礼仪的人，应明确什么是好的谈话内容，什么是要避开的。礼仪专家袁涤非教授提出的"六不谈"值得我们借鉴和学习，即：不非议党和政府、不涉及国家秘密与行业秘密、不非议交往对象、不背后议论他人、不涉及格调不高之事、不涉及个人隐私。而格调高雅、轻松愉快、时尚流行和对方擅长的话题，则是我们应该优先考虑的。

第三，考虑交谈对象。俗话说，"到什么山上唱什么歌"，"见什么人说什么话"，这是有道理的。我们在工作、生活和社交活动中，常常会遇到脾气秉性、身份年龄及心理特征等各不相同的人。怎样才能与对方一见如故、一拍即合呢？这就需要根据对方的不同特征，运用不同的谈话技巧了。

一般情况下，办事严谨、诚恳、老练的人，喜欢听流利而稳重的话；性情豪放粗犷的人，喜欢听耿直、爽快的话；学识渊博的文雅之士，崇尚旁征博引而少芜杂的言辞；而一般市民，则津津乐道于柴米油盐及街谈巷议的各类谈资。

交谈对象的身份、年龄不同，也要因此有不同的交流方式。例如对上级或老者，应多用"您""请"等谦词；对待同事或同龄人，则要态度真诚，可以适当幽默风趣。

为了取得更佳的交谈效果，还应该注重分析对方说话时的心理状态。当对方悲哀、忧虑、愁闷与愤懑时，你自己不能显得过于欢乐和兴奋，反之亦然。只有了解了对方的个性、身份、年龄和心理状况，随机应变，准确地运用说话的技巧，才能达到预期的交谈目的。

第四，把握好听与说的关系。交谈不只是个人的表述，而应是听与说的结合。民谚说："聪明的人，借助经验说话；而更聪明的人，根据经验不说话。"西方有一句谚语："雄辩是银，倾听是金。"中国也流传着"沉默是金，言多必失"和"讷于言而敏于行"等名言。这些都告诉我们：在与人交往中，要尽可能少说多听。在听别人说话时，要尽量做到"四不"原则，即不打断、不补充、不纠正、不质疑对方说的话。

培根曾说："打断别人、乱插嘴的人，甚至比发言者更令人讨厌。"由此看来，打断别人说话是一种缺少礼仪的行为。

有一个老板正与几个客户谈生意。谈得差不多的时候，老板的一个朋友来了。这个朋友插话，说："哇，我刚才在街上看了一个大热闹……"接着就说开了。老板示意他不要说了，而他却说得津津有味。客户见谈生意的话题被打断，就对老板说："你先跟你的朋友谈吧，我们改天再来。"客户说完就走了。

老板的这个朋友乱插话，搅了老板的一笔生意。随便打断别人说话或中途插话，是有失礼貌的行为；但有些人却存在着这样的不良习惯，结果往往在不经意之间就破坏了自己的人际关系。

要想获得好人缘，让别人喜欢和你交谈，你就必须根除随便打断别人说话的不良习惯。当别人讲话时，要耐心地倾听，抱着一种开阔的心胸，诚恳地鼓励对方说出自己的看法，这样才能使对方感受到你对他的尊敬。

言谈是一门艺术，是一个人聪明才智、思维能力、道德修养和文化素养的综合体现，是人们重要的名片。与人交谈时，应讲究言谈礼仪，用文雅、得体的谈吐来展示个人的良好素养。

二、言谈礼仪的功用

人际交往中，人们需要借助言谈来传达信息，达到沟通的目的。在这个过程中，言谈礼仪能潜移默化地起到积极的重要作用。

（一）言谈礼仪有助于达到交谈目的

在《送东阳马生序》中，宋濂写到自己曾师从当地德高望重的名师，老师门生众多却"未尝稍降辞色"。少年宋濂"俯身倾耳以请"，当老师呵斥时"色愈恭，礼愈至"，"俟其欣悦，则又请焉"，故"卒获有所闻"。宋濂这段关于个人亲身经历的描写，一方面表现出自己少年时敏而好学的精神，另一方面突显了求问过程中礼仪的作用。

言谈礼仪有时是促成我们获得某事物或达到目的的关键之一。当决定将某件事交与某人，或即将赋予某一责任与人，决策者通常借助言谈等细节观察待选者，并由此进行判断。这也是在职场、面试或会谈时，往往更加强调言谈礼仪、语言技巧等细节的原因。言语能折射人的内心与处事风格，礼仪能反映一个人的自我修养。

（二）言谈礼仪能有效地为个人形象增色

美国礼仪专家霍尔说过："有些说话准则已经成为一种语言惯例。在整个世界的人际交往中，不管你是高高在上的总统，还是出身平凡的普通市民，都要懂得这些准则，才能在与人交往的时候不被人讨厌。"霍尔提到的整个世界都要懂得的"说话准则"，相当于这里谈到的具有普遍适用性和必要性的言谈礼仪。每个人的说话方式、遣词造句之道，都受性格、阅历及文化程度等多种因素的影响。若在此基础上，再揣摩与说话对象之间的长幼尊卑、人际关系等因素，无疑能使说话者的口头表达更为得体巧妙，同时塑造最佳的自我角色，给人留下良好印象。如此说话往往会让人喜欢，至少不会被人讨厌。

讲礼貌是言谈礼仪中的关键要素之一。有人主张言语交际要遵循三个原则——适境原则、合作原则、礼貌原则。适境原则是前提，不适合语境就等于交际没有依托；合作原则是基础，没有合作就没有交际；礼貌原则是补充，没有礼貌原则，言语交际就缺乏和谐。这里的礼貌原则也是言谈礼仪应遵守的原则。例如一则广为流传的小故事：苏轼有一天到莫干山游玩，疲乏之时打算入一间庙宇休息。寺中住持见其衣着朴素，只是冷淡地指指椅子："坐！"又对小童喊了句"茶！"经过一番交谈，住持愈发感到来者不简单，改口道："请坐！"对童子道："敬茶！"问及姓名，竟是名扬四海的苏东坡，老住持起身作揖："请上座！"叫来童子："敬香茶！"故事中的住持面对同一个人，却表现出了面对三类人的态度。前后对比看来，这最终的"尊重"却显得虚伪，实在是讽刺。由此可见，要给人留下好印象，平等尊重、讲求礼貌是必不可少的。一个真正知礼之人施礼于人时，会懂得律己在先，慎独为要。

（三）言谈礼仪更能拓展出好的人缘

语言交流是人与人之间最直接、最重要的情感交流途径，恰到好处的礼仪能成为谈话的润滑剂。某节目主持人在一次对某明星的访谈中，问及时任政协委员的该明星是否理解其职责，明星回答："大概是想让我给大家分享做电影的经验之类的吧。"这一答案显然有失偏颇，但在镜头前直接纠正会让人尴尬，于是主持人顺水推舟地接上一句："也有些人理解为政协委员需要履行社会责任，关心社会发展。"这样说，既基本上纠正了对方的错误理解，又不会令对方尴尬，还可以引发对方思考。访谈结束后，明星不禁说出愿意再录一次，皆因主持人这般温和、善意、懂得换位思考的对话风格。后来在节目中再次会面，该明星面对此主持人更显现出了见到知心好友般的亲切。

其实，通过言谈礼仪打通人脉，在中国传统文化中早有体现。中国人对于亲属和外人的敬称就有"家大舍小令外人"的规律总结。仅仅一个"你"，中国人就能分出"你""您""阁下"等多种称呼方式，与英文中一个普通的"You"相比，显得丰富且讲究得多。而"惠存""海涵""劳驾"等敬语，更是在我们的人际交往中随处可见。这类语言表达形式，促使我们在口头和书面交流中不忘"礼"的要求，进一步助推交流双方对对方的尊敬和重视，为缔结更深厚的友谊奠定了良好的基础。

（四）言谈礼仪有助于构建和谐社会

《荀子·修身》有言："人无礼则不生，事无礼则不成，国家无礼则不宁。""礼"最初意为敬神，后引申为敬意的统称。由此可见，礼最初的产生，本就是为了适应维护社会和谐的需要。礼仪延展到言谈之中，更是扩大了礼仪的影响范围，增添了其普世意义。《论语·学而第一》称"礼之用，和为贵"；中国人认为，"良言一句三冬暖，恶语伤人六月寒"；叔本华也曾建议人"举止有礼、言谈有善"，得以"安然无恙"，与人共处。文明礼仪是社会和谐的基础，人际交往中合适的言谈能使人心更近、情更浓。社会主义核心价值观的具体要求中有"诚信友善"，而这也是言谈交流的要求和追求之一。言语真挚以求诚信，言辞亲切以显友善，这可以看作言谈礼仪对构建社会主义核心价值观的直接意义。从深层次来看，口头上的礼仪要求每个社会成员以身作则，优化人际交往，进而营造良好的社会氛围。《诗经·大雅·板》有云："辞之辑矣，民之洽矣。辞之怿矣，民之莫矣。"由此可见，言谈合乎礼仪不仅有助于说话的双方顺畅沟通，还有助于社会主义核心价值观的构建。

总而言之，言谈应合乎礼仪，不可小视。从小处看，能借此完善交流，达到成功、合乎效益的对话；同时还能为个人塑造良好形象，并带来良好的人缘。从大的方面理解，言谈礼仪更能促进社会主义精神文明建设，构建社会主义核心价值观。因此，言谈礼仪是一个值得关注和研习的课题。

三、言谈礼仪的基本要求

有关言谈礼仪的原则和要求很多，这里先简要谈谈基本要求，包括语音要求、礼貌用语要求和话题要求三个方面。本书绪论以外的章节，均会对言谈在不同情境下的要求做出适当说明。

（一）语音要求

《中华人民共和国宪法》第十九条规定："国家推广全国通用的普通话。"《中华人民共和国国家通用语言文字法》第三条规定："国家推广普通话，推行规范汉字。"普通话是全国通用的语言，它是以北京语音为标准音，以北方话为基础方言，以典范的现代白话文著作为语法规范的现代汉语民族共同语。《中华人民共和国国家通用语言文字法》第十九条规定："凡以普通话作为工作语言的岗位，其工作人员应当具备说普通话的能力。""以普通话作为工作语言的播音员、节目主持人和影视话剧演员、教师、国家机关工作人员的普通话水平，应当分别达到国家规定的等级标准；对尚未达到国家规定的普通话等级标准的，分别情况进行培训。"按照普通话水平测试的等级说明，根据说话人在语音、词汇和语法等方面的表现情况，成绩分为"三级六等"，由低到高分别是：三乙、三甲、二乙、二甲、一乙、一甲。说话人达到二级乙等，其表达才能让听话人容易的听懂；如果低于二级乙等，则容易造成听话人理解的困难，此时应注意方言与普通话的对应关系，尤其是声韵调，做到有的放矢，突破难点音，克服方言语音语调。

著名语言学家、语文教育家张志公在《谈中学生的语言美教育》中指出："随着科学技术的发展，时代要求我们具备很高的语言能力。语言不仅是人跟人之间的交际工具，已经成为人跟机器之间的交际工具了。靠说话来办事情、处理工作，靠说话来解决问题，这种机会越来越多。具备高明的说话能力，也就越来越重要了。通过电话来处理重要、紧急的工作，几分钟之内就解决了，必然要求语言快捷而清晰，毫不含糊；简洁而周到，没有漏洞；确切而得体，没有毛病。"为了较好地掌握普通话，需要通过学习与练习来提高可懂度和准确度。在当今时代，学习普通话极其便利，随时随地均可学习。通过收听广播或观看电视以"练耳"，通过朗读、朗诵、演讲、辩论、主持等方式切实提高口头表达能力，这些都是行之有效的方法。

从沟通的角度来看，语言表达有其一般性的要求，即清晰、准确、流畅。人们说嗓音是人的"第二张脸"，在语言表达一般要求的基础之上，说话人还可以美化嗓音，精心呵护，以达到听感上舒适、悦耳的良好效果，这是对语言表达更高的要求。著名作家梁实秋的婚姻大事就得益于女方动听的语音，他在《槐园梦忆——悼念故妻程季淑女士》里这样写道："她（季淑）生长在北京，当然说的是道地的北京话，但是她说话的声音之柔和清脆是我所从未听到过的。形容歌声之美往往用'珠圆玉润'四字，实在是非常恰当。我受了刺激，受了震惊，我在未见季淑之前先已得到无比的喜悦。"

此外，言谈一般都应讲求简练，较多的多余成分对于有效、顺畅的交流沟通是不利的，甚至会让听话人产生反感，因此不符合言谈礼仪的要求。例如"呃""啊""嗯""然后""这个""那个""好吧"等个人习惯用语反复多次出现，则可能会有口头禅之嫌，应尽量避免。

（二）礼貌用语要求

日常生活中，常见的礼貌用语比较多，使用时一项总的要求是"真诚"。古人讲"修辞立其诚"，至诚才足以动人，应避免做作甚至虚假，语气中最好饱含情感，使对方感受到说话人的温度和热度。另外，使用礼貌用语还需要考虑男女老幼、上下尊卑、亲疏远近等关系，这些是一般性的要求。

常用的敬辞有"请""您""谢谢"等，如"请进""请坐""请喝茶""请慢用""请慢走"。这里分类谈谈几种常见的礼貌用语及其使用要求。

1. 问候语

问候语常用于见面之初，用于表达对对方的问候，显示对他人的尊重，带有较强的礼节性。问候语的形式较多，常见的如"你好""您好""大家好""很高兴见到您""吃了吗""好久不见""近来都好吗"。"你"与"您"存在一定区别，平辈之间或者长辈对晚辈可用"你好"；而晚辈对长辈应用"您好"，势位较低者对势位较高者一般也用"您好"。与"你好""您好"一对一问好不同，"大家好"适用于在公众场合向众人问好。"很高兴见到您"较为正式，可用于较为庄重的场合。俗话说，民以食为天。"吃了吗"关注的重点不在于是否吃了，而是对对方是否吃了的关心，因此多数情况下它不是一般的询问语，而是一句常见的问候语。使用"吃了吗"也有讲究，不然可能会闹笑话。有一名教师带学生外出实习，实习学校的食堂和洗手间距离比较近，师生吃过饭后去方便。有个热情的学生在洗手间遇见老师后，随口问老师："吃了吗?"老师默不作声，场面有些尴尬：说吃了吧，不大好开口；说没吃吧，又有违事实——因为刚刚才吃过。这就是不分场合、情境闹出的笑话。使用"吃了吗"还需要考虑国别，如在美国，如果询问对方吃了没有，对方会误以为你要请客。"好久不见"表达的是对听话人的挂念，"近来都好吗"表达的是对听话人的关心，它们都是常用的问候语。

2. 祝福语

祝福语适用的场合很多，在喜庆节日里，或他人取得成绩时，人们常常使用祝福语。常用的有"恭喜发财（高升、高就、高中）""祝您节日快乐""祝您新婚快乐""祝您好运""祝您健康""祝你心想事成，早日成功"等。祝福语能拉近彼此的距离，使用时应发自内心、亲切动人。

3. 致谢语

致谢语用来表达说话人的感激之情，需要有真情实感。常见的致谢语有"谢谢""多谢""非常感谢""您辛苦了"等。其中，"您辛苦了"是对他人付出劳动的感谢，如果使用得当，听话人会觉得受到尊重甚至"暖心"。不过，有人说礼貌是距离的象征，礼貌程度越高很可能代表彼此距离越远；因此，彼此亲密程度很高时，大多不太经常使用礼貌用语。例如这里所说的致谢语，如果亲人之间较频繁地使用，则显得奇怪、生疏，甚至有可能代表彼此距离拉大。"来而不往非礼也"，收到致谢的一方可用"不用谢""不客气""没事儿"等回应；否则，缺少必要的回应语，可能有对致谢方不尊重之嫌。

4. 道歉语

道歉语用来表达说话人的歉意，应显诚意。常见的有"抱歉""对不起""不好意思""让您久等了"等，然后配以相应的理由或说辞，应尽量合情合理，以求对方谅解。

5. 告别语

常见的告别语有"再见""拜拜""回头见""祝一路平安""欢迎再次光临""招待不周，请多包涵""给您添麻烦了，再次感谢"等。比较"再见"与"拜拜"，二者在语用上有所区别：字面上，"再见"能够表达希望再次相见的意愿，而"拜拜"则没有；语义上，"再见"没有"拜拜"能够表达分开、分手的意思；由二者"出身"看，"拜拜"是外来音译词，而"再见"不是；按照使用者年龄段区分，"再见"倾向于年龄较长的人使用，"拜拜"则倾向于青少年或者幼儿等年龄较小的人使用。

以下是孔洁、张葵葵主编《大学生职业礼仪与社交礼仪》所列的文明用语：

（1）见面问候语："您好！""早上好！""晚上好！""您好！见到您很高兴。""××节好！"

（2）分手辞别语："再见！""再会！""祝您一路顺风！""希望不久的将来还能在这里欢迎您。"

（3）求助于人语："请……""请问，……""请帮忙……""麻烦您帮我……""请多指教。"

（4）受人相助语："谢谢！""麻烦你了。""非常感谢！"

（5）得到感谢语："别客气。""不用谢。""应该的。"

（6）打扰别人语："请原谅……""对不起，……""给您添麻烦了。""让您受累了。"

（7）听到致歉语："不要紧。""没关系。""您不必介意。"

（8）接待来客语："请进。""请坐。""请喝茶。""再次见到您，真是十分高兴。""欢迎光临！"

（9）送别客人语："再见。""慢走。""欢迎再来！"

（10）无力助人语："抱歉，……""实在对不起，……""请原谅，……"

（11）礼称别人语："老师""同志""师傅""先生""女士""小姐""朋友"。

（12）提醒别人语："请您小心。""请您注意。""请您别急。"

（13）提醒行人语："请您注意安全。""过马路请走人行道。"

（14）慰问语："您辛苦了！""让您受累了。""给您添麻烦了。"

（15）赞美语："您干得很好！""太棒了！""您真了不起！""这太美了！"

（16）征询语："我能为您做些什么吗？""这样会不会打扰您？""您还有别的事情吗？""请您借个光。""请您让一让。"

（17）道歉语："很抱歉，这件事实在没有办法做到。""真不好意思，……""真对不起，让您久等了。""对不起，打扰了。""对不起，请稍候。"

（18）应答语："行，请您稍候。""好，马上就来。""您不必客气，这是我应该做的。""不用谢。如有照顾不周的地方，请您多多包涵。""请您吩咐。"

（19）排队语："请大家自觉排队。""请您排队好吗？"

（20）接打电话语：（接电话时）"您好！我是×××，请讲。"（挂电话前）"谢谢！再见。"

（三）话题要求

言谈如要合乎礼仪，话题需要做好选择。俗话说，"一句话说得人笑，一句话说得人跳。"恰当的话题、合乎礼仪的言谈有可能"说得人笑"，反之则有可能"说得人跳"，可见话题在言谈中的重要性。

常见的适合交谈的话题有：共同的生活环境，相似的生活经历，相同的兴趣爱好，相近的地域或者气候环境等。这些相似性因素都能拉近说话双方的心理距离，从而使沟通顺畅进行。话题选择的一个实用方法是：寻找彼此的共同点与相似点，尽量做到求同存异。

俗话说："话不投机半句多"。言谈中有些话题应谨慎选择，例如提及让对方悲伤的事情时应慎重，一般情况下对方不主动提及时说话人可选择回避。在交谈双方尚未建立信任之前，主动询问对方年龄（尤其是女士）、是否婚嫁、收入状况等关乎个人隐私的话题时也应慎重，如无特殊必要也应回避。另外，在对方没有问起时，主动谈论自己的成就、地位，在失意人面前说得意的话，揭别人的伤疤等，都不大合适。总之，言谈中一般应尽量回避敏感话题，尤其不要主动谈及对方的忌讳之处。

下面两段文字出自曹禺《北京人》，很能说明话题对于交谈双方的重要性。

江泰　（蓦然回头，走到皓的面前，非常善意地）爹，这有什么可难过的呢？人死就死了，睡个漆了几百道的棺材又怎么样呢？（原是语调里带着同情而又安慰的口气，但逐渐忘形，改了腔调，又按他一向的习惯，对着曾皓，滔滔不绝地说起来）这种事您就没有看通。譬如说，您今天死啦，睡了就漆一道的棺材，又有什么关系呢？

…………

曾皓　（再也忍不住，高声拦住他）江泰！你自己愿意怎么死，怎么葬，都任凭尊便。（苦涩地）我大病刚好，今天也还算是过生日，这些话现在大可不必……

上面两段文字里，江泰原想安慰他的岳丈曾皓，可是"逐渐忘形"，背离话题，在曾皓过生日之时滔滔不绝地向他讲起人死的一番话，不顾说话的对象和时间，在话题选择上明显不当，最后自讨没趣。

📝 延伸阅读

[1] 戴尔·卡耐基.语言的艺术[M].南昌:二十一世纪出版社集团,2015.

[2] 函之.20 几岁一定要懂的 90 个说话技巧[M].北京:中国华侨出版社,2016.

[3] 林语堂.说话的艺术[M].西安:陕西师范大学出版社,2009.

[4] 星云大师.说话的艺术[M].长沙:岳麓书社,2013.

[5] 应天常,王婷.主持人即兴口语训练[M].2 版.北京:中国传媒大学出版社,2014.

[6] 赵文彤.北大 24 堂气质课[M].北京:台海出版社,2016.

🖥 视频链接

1. 国家精品在线开放课程《社交礼仪与艺术》第一章第一节"礼仪的概念"。https://www.bilibili.com/video/av11449324/? p=1。

2. 国家精品在线开放课程《社交礼仪与艺术》第一章第二节"礼仪的内涵"。https://www.bilibili.com/video/av11449324/? p=2。

3. 国家精品在线开放课程《社交礼仪与艺术》第一章第三节"做人的层次"。https://www.bilibili.com/video/av11449324/? p=3。

4. 国家精品在线开放课程《社交礼仪与艺术》第一章第四节"礼仪无处不在无时不有"。https://www.bilibili.com/video/av11449324/? p=4。

5. 国家精品在线开放课程《社交礼仪与艺术》第一章第五节"礼仪的坚持"。https://www.bilibili.com/video/av11449324/? p=5。

6.《百家讲坛》栏目《金正昆谈现代礼仪》之"交谈礼仪"。https://www.bilibili.com/video/av1952670/? p=22。

第三节 言谈礼仪之体态语

📝 案例导入

美与善的化身

——著名记者侯波眼中的宋庆龄

首次见到宋庆龄，给我的印象是美丽、高贵、优雅。她像高山白雪，令人叹为观止。住到一起，我深切地感受到的又是端庄、宁静、温柔、睿智、贤惠。她是美与善的化身，每一个动作、举手投足都十分自然。无论是一瞥目光、一个微笑，还是一声轻唤，都充满了美的魅力，令人陶醉，使人着迷。难怪有人说，她只要往那一站，就为中国人争了光……但是她绝不孤傲。进餐时，她礼貌、优雅，很讲卫生，搞分餐制；她将甜饼子夹到卫士面前的碟子里，然后给翻译等人员都夹了甜饼子，自己才坐下来吃饭。（引自李荣建《礼仪训练》）

古希腊哲学家苏格拉底曾说："高贵和尊严、自卑和好强、精明和机敏、傲慢和粗俗，都能从静止或运动的面部表情和身体姿势上反映出来。"英国哲学家培根说："在美的方面，相貌的美高于色泽的美，而秀雅合适的动作的美又高于相貌的美。"这里的动作可纳入体态语，由此可见体态语的重要性。体态语也叫态势语，它是用以帮助表情达意的姿势、动作、表情、仪表服饰等。与用听觉感知的有声语言相比，它一般诉诸视觉，是无声的，但这种"无声的语言"在言谈交际中却起着重要作用。

体态语的作用是多方面的，概括起来有如下几点：一是补充和强化有声语言的信息，使有声语言的表现力和感染力得到升华。例如言谈时表以决心的"我一定把这件事情办成功"，如果辅以握紧拳头的手势语，则会使决心的表达更加坚定有力。二是沟通说话者与听话者之间的情感，达到交流的目的，例如交谈双方往往离不开目光语的使用，恰当地运用目光语就能很好地传情达意，有助于交际顺畅。三是起暗示的作用，可以启发和引导对方的思路，调节交际的气氛，甚至化不利、被动的局面为有利、主动的局面。例如过年时有人说起伤感的话题，一旁的亲人朋友不便直接用言语打断，于是用腿轻碰对方，示意应注意话题，调整氛围。

"言为心声，行为心表"，我们平时应注意自己的言谈举止，使之合乎规范。体态语的使用有其原则，一般来讲，应符合自然、得体、适度和有所变化的要求。"自然"是使用体态语的一项重要原则，只有自然而非十分紧张、做作，才有可能恰当地展示良好的体态语。"得体"也是体态语使用中应该注意的，比如面对正式、重要的严肃场合，服饰上可选择与之相适应的正装，不能过于随意、有失庄重。"适度"是使用体态语的另一项重要原则，比如说话时可配以适当的手势，但是如果使用频率过高，每说一句话就有一两个手势，则容易喧宾夺主，影响听者对有声语言的接收，甚至可能使人产生反感，也就是过犹不及了。"有所变化"也是体态语的使用原则之一。一件衣服再合适，如果长时间只穿这一件，也会让人觉得缺少新鲜感，产生审美疲劳；一种手势再好，总是只有这一种，也难免单调，因此使用体态语时应注意适当变化。尽管与有声语言相比，体态语的交际功能是次要的，但它的作用却是不能忽视的。总体来讲，学会使用体态语能使言谈更具表现力、更有力量，好的体态语也是礼仪的重要组成部分。

一、身姿语

身姿语即身体的姿态，主要有站姿、走姿和坐姿。人们常说"站如松，坐如钟，行如风"，这在一定程度上概括了身姿语使用的一般要求。有人认为，良好的气质先从正确的站姿、坐姿、走姿开始。由此可见，身姿语关乎个人的内在修养。

站姿一般要求腰直、挺胸，成一个平面，而非驼背哈腰；双脚应并拢，或者适当打开并与肩同宽，前者倾向于女性使用，后者更多地适用于男性。当表达对他人的敬重或者感激时，在正式场合可采用鞠躬的形式。鞠躬时应缓慢，切忌速度过快而给人敷衍了事之感。

走姿很能彰显一个人的精神气度。协调稳健、轻松敏捷的走姿能反映出朝气蓬勃、积极向上的精神状态。正确的走姿能体现一种动态美。它是指在站姿的基础上，双手自然地前后摆动，一般情况下走路速度应不快不慢、从容不迫，走路时应避免左右摇摆。行走时上身挺直，挺胸收腹，头正颈直，两眼平视前方，面色爽朗。行走速度应适中，过快给人轻浮之感，过慢则可能显得没有时间观念、缺少活力。

坐姿应该平稳，两腿适当并拢（尤其是女性）。当面对尊者或长者时，不要"跷二郎腿"，避免给对方造成不尊重的感觉。另外，为了表示对说话人的尊重，或者对交谈内容感兴趣，听话人的身姿有时会前倾，反之则会保持一定的距离。

下面一个案例能够说明正确使用身姿语的重要性。第二次世界大战结束，在接受日本投降后，道格拉斯·麦克阿瑟将军站在日本天皇旁边拍了一张照片。照片上，天皇小心翼翼地把双手下垂于身体两侧，双腿并拢，两脚尖向外，身体收缩。麦克阿瑟将军手肘展开，把双手置于髋上，两脚直立，双腿叉开，脚掌一前一后。日本人把麦克阿瑟这个漫不经心的姿势视为大不敬的标志，是对日本天皇的冒犯。

二、手势语

手势语非常丰富，使用得好会产生独特的魅力，其至还带有个人的特质。尼克松曾这样描述周恩来的手势语："他经常靠在椅背上，用富于表现力的手势来增强谈话效果。当要扩大谈话的范围，或是从中得出一般性结论时，他经常用手在面前一挥；在搁浅的争议有了结果时，他又会把两手放在一起，十指相对。"

常见的手势语有如下几种类型。

一是象形性手型，表示直观的可比画的概念，如用手掌表示镜子。

二是指示性手型，主要用于为对方指示方位、对象等，如遇到问路者时给对方指示方向。

三是表意性手型，用以表达说话人的内心情感，如说"月亮代表我的心"时，将右手放在胸前表示说话人的内心活动。

四是象征性手型，表示抽象的较为复杂的概念，如在"0 是谦虚者的起点，骄傲者的终点"里，"起点"和"终点"是抽象的，可用手掌掌面向上表示起点，掌面向下表示终点。

以下是几种常用的手势语。

一是跷大拇指。对于中国人来说，跷大拇指表示夸赞、敬佩；澳大利亚人则认为，竖起大拇指，尤其是横向伸出大拇指是对他人的一种污辱；而在希腊，跷起大拇指则表示让对方滚蛋。可见，同一种体态语在不同国家、不同民族可能会有不同的理解，这反映出体态语有一定的民族性。

二是 OK 手势。这一手势在讲英语的国家、欧洲的一些国家和地区表示赞扬和允诺，然而在法国南部、希腊、撒丁岛、德国等国家或地区，它的意思却可能恰好相反。

三是 V 形手势。据说，这一手势是第二次世界大战期间英国首相丘吉尔首先使用的，表示"胜利（victory）"。这种手势在聚会或留影时常会用到。

四是伸出食指。在我国以及亚洲的一些国家表示"一""一个""一次"等。如果用食指指人，尤其是面对面时指着对方的面部和鼻子，则是一种极不礼貌的行为，且容易激怒对方。

五是伸出手掌。这种手势掌心向上，常用来表示对他人的欢迎或尊重。

值得一提的是，使用手势语需要分辨食指和手掌的区别。比较而言，食指指向某个对象时具有针对性，而手掌指向某个对象时则具有包容性。因此，应尽量减少使用食指对人，而多用手掌代替，如在课堂教学、演讲、接待等场合，可多用手掌来示意。一般来讲，使用手掌语时，除了掌心向上外，手掌还应是一个自然并拢的平面，而非蜷缩、手指翘起或者分叉，否则不仅不太美观，还可能会有损手掌的包容性。有这样一个故事：李老师是一名语文老师兼班主任，她工作认真、负责，课上将要传授的知识讲解得非常清楚，课下对学生也很关心；但是不论李老师多么努力，她们班的学生就是不太喜欢她，而且班级的学习成绩在年级排名中也经常靠后。李老师感到很委屈，不知道原因出在哪里。后来，经过年级组长的调查与分析，发现竟然是李老师的手势问题。原来，李老师有个爱用食指指人的习惯，上课叫学生回答问题或点评学生回答的问题时都习惯用食指指人。李老师本来没有批评的意思，更没有意识到这种手势的不当，但是这个动作让学生误认为老师是在批评他们甚至看不起他们，最后导致班级成绩不佳。由此可见，食指对人应尽量减少使用。

下列手势不宜经常性使用。

一是随意摆手，拒绝他人或不耐烦之意明显。

二是端起双臂，容易给人高高在上之感，让人难以亲近。

三是勾指手势，手掌向上，食指弯曲勾起，不断动弹，其余四指蜷缩，示意他人过来。这种手势在我国有唤狗之嫌，极不礼貌。

此外，一些细小的动作（如捂脸、挠耳、抠鼻、抓痒等），在公共场所也不宜经常使用，否则会给人不讲卫生、个人素质不佳的感觉。

三、表情语

人的表情语特别丰富，喜怒哀乐都可以通过它得以体现。例如，欣喜时嘴角上扬，眉开眼笑；痛苦时眉头紧锁，甚至频频拭泪。在言谈交际中，学会使用目光语和微笑语能收到较好的交际效果。

（一）目光语

眼睛是心灵的窗户，透过眼神，说话双方可以及时了解对方的心理动态，如发现问题则能很快应变。目光语的使用有如下几项原则。

1. 时间原则

出于礼貌，交谈时长时间盯着对方看，会使对方不自在甚至反感；而交谈时不看对方，与对方没有眼神交流，则可能会使对方认为自己没有受到应有的尊重，或者使交谈的一方失去通过眼神了解对方心理变化进而调整话题、掌握话题主动权的机会。因此，交谈时目光语使用的多少应把握"度"。有研究表明，一般情况下注视对方的时间应占全部交谈时间的30% ~ 50%，这是表示友好；如果占60% ~ 70%，则表示重视；如果占不到30%，则表示轻视或无兴趣。

2. 角度原则

不同的目光角度传递不同的态度，角度在目光语的使用中占有重要的地位。平视，表示双方地位、身份相当，适用于普通场合，最为常见；仰视，表示对对方的敬重，适用于晚辈面对长辈、下级面对上级；俯视，一般用于地位较高者面对地位较低者，可以表达长辈对晚辈的关心与爱怜，如果使用不当则有可能让对方产生不受尊重之感；斜视，多表示漫不经心或怀疑、轻视，在社交场合要尽量少用或不用。

3. 位置原则

心理学上把目光的注视位置分成以下区域（引自李向荣主编《实用礼仪训练》）。

（1）公务注视区域。范围是以两眼为底线，以前额中间为顶点而构成的三角形区域。注视这一部位给人以居高临下、严肃认真之感，有压住对方的效果。

（2）社交注视区域。范围是以两眼为上线，以下颚为底点构成的倒三角形区域。注视这一部位给人以平等、轻松感，容易形成融洽的气氛。

（3）亲密注视区域。范围是对方的眼睛、嘴部和胸部。注视这一部位给人以甜蜜幸福之感，能激发情感、增进感情。

此外，与人交谈时，目光语不应飘忽不定，或不停眨眼，或显呆滞，也不应戴着墨镜或变色镜与人交谈。

（二）微笑语

人们常说"不笑不开店"。微笑语是一个人很好的名片，它还是许多场合的职业语言。微笑语有助于让对方产生好感，进而有效地拉近交谈双方的心理距离。使用微笑语时应显自然、真诚，发自内心，而不是虚假的，即不是仅仅为了微笑的样子而做出的面部表情。另外，面对公众说话时，不能自我"笑场"、自己砸自己的台面。大笑、苦笑甚至冷笑、讥笑等一般应较少使用。

下面一则小故事《微笑换得生命》很能说明微笑语的魅力。

在西班牙内战中，一个国际纵队的普通军官哈诺·麦卡锡不幸被俘，并被投进了阴森冰冷的单人监牢。在即将被处死的前夜，哈诺·麦卡锡搜遍全身，竟然发现半截皱皱巴巴的香烟。他很想吸上几口，以缓解临死前的恐惧，可是发现自己没有火柴。在他的再三请求下，铁窗外那个木偶式的看守士兵总算毫无表情地掏出火柴，划着火。当四目相对时，军官不由得向士兵送上了一丝微笑。令人惊奇的是，那士兵在愣了几秒后，嘴角也不太自然地向上翘了起来，露出了微笑。后来两人谈到了各自的故乡、妻子和孩子，甚至还相互传看了珍藏的与家人的合影。当军官眼泪纵横，诉说对家人的思念时，那士兵竟然动了感情，悄悄地放走了他。

四、仪表服饰语

下面这则有关仪表服饰语的故事被广为引用。

1960年9月，尼克松和肯尼迪在全美的电视观众面前，举行他们竞选总统的第一次辩论。大多数评论员预计，尼克松素以经验丰富的"电视演员"著称，可以击败比他缺乏电视演讲经验的肯尼迪。但事实并非如此，为什么呢？肯尼迪事先不仅进行了练习和彩排，还专门去海滩晒太阳，养精蓄锐。他在屏幕上出现时，精神焕发，满面红光，挥洒自如。而尼克松没有听从电视导演的规劝，加之过分劳累，更失策的是面部化妆用了深色的粉，因而在屏幕上显得精神疲惫、表情痛苦。正如一名历史学家所形容的："他让全世界看来，好像是一个不爱刮胡子和出汗过多的人带着忧郁感等待着电视广告告诉他怎么做才不会失礼。"正是仪容仪表上的差异和对比，最终帮助肯尼迪取胜，使竞选结果出人意料。

节目主持人靳羽西曾说："世界上没有难看的人，只有不懂得如何让自己打扮得体的人。"衣着打扮是现代人每天出门前都要注意的，仪表服饰很能彰显一个人的品味、气度等。使用仪表服饰语应遵循国际通用的TPO原则，即根据时间（time）、地点（place）、对象（object）来决定如何设计仪表服饰。例如参加求职面试，仪表服饰上应考虑天气、地点、说话对象等因素，不过总的来讲一般应显正式、庄重。又如和朋友参加休闲运动，仪表服饰可给人"轻装上阵"之感。不管是正式的求职还是非正式的休闲，仪表服饰语的选取都应遵循这个原则，使衣着打扮符合相应的场合。同时，仪表服饰语还应充分考虑个性特点、喜好、年龄、性别等，例如穿着打扮应符合个人的心意，显示个人的内涵气质。

有这样一个案例：某公司招聘文秘人员，中文系毕业的小李前往应聘。面试时，小李穿着迷你裙，露着大腿，上身是露脐装，嘴上涂着鲜红的唇膏，轻盈地走到主考官面前，不请自坐，随后跷起"二郎腿"，笑眯眯地等着问话。此时，三名招聘者互相交换了一下眼神。主考官说："李小姐，请回去等通知吧。"其结果是"请另谋高位"。这就是不当的体态语，尤其是不得体的仪表服饰语所导致的结果。

服饰被认为是社交场合中的"第二肌肤"。在正式场合，它更是发挥着举足轻重的作用，反映着一个人的社会地位、个性品质等。对职场人士来说，得体的外表会在很大程度上帮助自己树立自尊心和自信心。周恩来总理以堂堂的仪表、优雅的谈吐、机智的对答、超群的智慧与亲民的风度，多次成功地化解外交危机，在各国领导人心目中留下了深刻的印象。作为中美建交重要推手的美国前总统尼克松，曾称赞周总理是"生平见过最出色的国家领导人，无人能出其右"。为什么周总理的仪表风范如此出众呢？这与他在母校天津南开中学所受的礼仪教育是分不开的。"面必净，发必理，衣必整，钮必结。头容正，肩容平，胸容宽，背容直。气象：勿傲，勿暴，勿怠。颜色：宜和，宜静，宜庄。"这一校园礼仪教育潜移默化地影响了周总理的一生，他在日后的生活中无不以南开的礼仪箴言来要求自己的仪表。

不同的职业对仪表服饰语有不同程度的要求，有些要求较为严格，有些则较为宽松。以教育行业为例，仪表服饰语的要求相对较为严格。苏联教育家马卡连柯认为，"无论是对学生或是对教育机关中的教师和其他工作人员，都必须要求衣服整洁，头发和胡须都要弄得像样，鞋袜洁净，双手清洁，修好指甲和经常备有手帕。"

💬 延伸阅读

[1] 肖祥银. 说话的艺术:最有中国味的魅力口才[M]. 北京:中国华侨出版社,2013.

[2] 林语堂. 说话的艺术[M]. 西安:陕西师范大学出版社,2009.

[3] 卓雅. 说话的艺术全集[M]. 北京:中国城市出版社,2009.

[4] 刘墉. 说话的魅力[M]. 南宁:接力出版社,2013.

[5] 邵天声.《演讲与口才》文章荟萃[M]. 长春:吉林大学出版社,1993.

[6] 李思特. 说话的艺术[M]. 汕头:汕头大学出版社,2011.

🖥 视频链接

1. 国家精品在线开放课程《社交礼仪与艺术》第一章第六节"礼仪的真谛(一)"。https://www.bilibili.com/video/av11449324/? p=6。

2. 国家精品在线开放课程《社交礼仪与艺术》第一章第七节"礼仪的真谛(二)"。https://www.bilibili.com/video/av11449324/? p=7。

3. 国家精品在线开放课程《社交礼仪与艺术》第一章第八节"礼仪的真谛(三)"。https://www.bilibili.com/video/av11449324/? p=8。

4.《现代礼仪》栏目《公关礼仪》第四集"仪表、化妆和首饰"。http://www.iqiyi.com/w_19rrc5e4m5.html? list=19rroc2l56。

5.《现代礼仪》栏目《公关礼仪》第六集"西装"。http://www.iqiyi.com/w_19rrc5dull.html? list=19rroc2l56#curid=1002391109_6e1696440af79d26946b5fc794d7a85e。

第四节　言谈礼仪之听话能力

💬 案例导入

"听"来的钢盔

第二次世界大战期间,一个叫亚德里安的美国将军利用战斗的间隙到战地医院探望伤员。他毫不张扬地走进病房,静静地坐在病床边,倾听每一名伤病员讲述自己死里逃生的经历。其中一个炊事员说,他听到炮弹呼啸而来,就不假思索地把一口锅扣在自己的头上。虽然弹片横飞,战友倒下了一大片,他却幸免一死。听到这里,亚德里安将军略有所悟地点了点头，走到这个炊事员床前同他握手，脸上露出赞赏的微笑。后来他发布了一道命令：让每个战士都戴上一口"铁锅"。于是，在人类战争史上，"钢盔"这个重要发明，就因为一个将军有耐心和雅量倾听一个炊事兵的"唠叨"而诞生了。据说，这个别出心裁的发明使 7 万余名美军在第二次世界大战中免于战死。（引自李元授，白丁《口才训练》）

一、听话和说话

我们留心观察会发现，人只长了一张嘴，却长了两只耳朵。这个有趣的事实似乎提醒人们应该多听少说。有关资料表明，在一般的语言活动中，听占45%，说占30%，读占16%，写占9%。也就是说，听说读写中"听"所占的比例最大，接近一半。由此可见，良好的听话习惯和能力是有效获取知识与技能的重要途径。

美国盲人登山家埃里克·魏亨麦尔也许是世界上最伟大的倾听者。2001 年 5 月 25 日，他成功登上珠穆朗玛峰。这对于任何一个人来说都是一项壮举，更何况埃里克是盲人。13 岁那年，埃里克因退化性眼疾而双目失明，但这并没有阻止埃里克前进的脚步。在一座 90% 的登山者都没能攀越、自 1953 年开始已有 165 人死于登山途中的山峰面前，埃里克却依靠听觉成功登顶了。在登山的过程中，埃里克前面的登山队友背上系着一个铃铛，埃里克会仔细听铃铛的声音，以此来确认前进的方向。他也会注意倾听队友们吼叫着发出的指令："死神就在你右边两英尺处！"这样，他就知道哪个方向不能前进。他还会认真听登山杖戳到冰上发出的声音，这样他就知道冰块是否能安全地跨过。倾听的力量由此可见一斑。

尼克松非常赞赏周恩来在谈话中倾听的专注神态，形容他是"海水覆盖下的一座大山"。松下幸之助曾用一句话概括自己的经营诀窍："首先要注意倾听他人的意见。"在一个知识大爆炸、科学技术日新月异的时代，如果不具备一定的听话能力，将会错失大量有价值的信息，难以跟上时代前进的步伐。

古希腊哲学家亚里士多德在其名著《雄辩术》一书中指出，口头交谈有 3 个要素：谈话者、主题和听话者。如何看待听话和说话之间的关系？简而言之，听话是说话的基础和前提。忽视听话，光顾着说话，即便滔滔不绝、口若悬河，也不一定是一个好的说话人。反过来，说话能力的提升又能促进听话能力的提高，使听话更加准确、清晰。因此，二者是相辅相成、相得益彰的整体。

著名作家、翻译家杨绛在《听话的艺术》一文中指出，听话与说话一样是一种艺术，听话包括听、了解与欣赏三步。文中引用19世纪英国诗人泰勒爵士（Sir Henry Taylor）谈成功秘诀的《政治家》（*The Statesman*）一书中的话，阐述倾听的重要："不论'赛人'（Siren）的歌声多么悦耳，总不如倾听的耳朵更能取悦'赛人'的心魄。"倾听是双方进行沟通的第一步，不轻易打断别人的话是倾听的基本法则。

有这样一个故事：一个年轻人拜访苏格拉底，向他求教演讲术。苏格拉底刚开口没说几句，年轻人就不认真听了，反而打断苏格拉底的话，滔滔不绝讲了许多，以显示自己的才能。苏格拉底说："我可以教你演讲，但必须收双倍的学费。"年轻人问："为什么要双倍呢？"苏格拉底说："要教你两门课，除演讲外，还有一门课——怎样闭住嘴听别人说话。"

美国作家马克·吐温在《神秘的访问》中讲述了这样一个有趣的故事："我"接待一名来访者。为了显示自己善于交谈，进而诱惑对方说出自己的职业，故意吹嘘自己有十分可观的收入。结果这名来访者竟是一名估税员，把"我"的话一一记了下来。他正想抓住一个大阔佬收一笔巨款呢。这是不懂倾听、只知说话带来的麻烦。

知名华人作家、画家刘墉说："没有一个听话的人，会希望被讲话者忽略。也没有一个忽略听众的说话者，能获得好的回响。"可见，说话人心中应有听话人，说话人应学会停下来倾听，它是交际双方有效沟通的前提条件。而且，说话人和听话人的角色会时常转换。从某种意义上讲，良好的言谈应是交际双方相互成就的结果，同时也应当是合乎礼仪的。

二、听话技巧

听话有着不能忽视的重要性。那么，如何实现高效听话呢？这里先要了解听话的一般性要求。据1993年《师范院校教师口语课程标准》，其要求是：听得准，理解快，记得清，有一定的辨析能力。

掌握听话要领，养成良好的听话习惯，需要掌握一些具体的方法。以下介绍几种。

一是专注。只有专注才有可能积极、有效地思考，既快又好地理解说话人的意思，并且及时做出反应。如果注意力不集中，心不在焉，甚至不耐心、不耐烦，那么就难以很好地掌握交谈的内容，进而影响自己的理解、判断与表达。特别是在说话人有题外话或言外之意时，听话人得认真、专注地倾听，否则很容易听不出说话人的意图，或者理解错误。日本著名棋手加藤正夫在中日围棋擂台赛中被我国棋手聂卫平击败，他信守承诺将头发剃光。当记者问他有何感想时，他说："剃了发，脑袋怪冷的，但清醒多了。"这里一语双关，有明显的言外之意，需要用心体会。

二是适当做笔记。由于有声语言在传送过程中具有单向线性，转瞬即逝，难以反复，因此做笔记有其客观必要性。人们常说，"好记性不如烂笔头"。做笔记的过程是加深记忆和理解的过程，对于及时掌握说话人的思想情感会很有帮助；而且纸质的或电子的笔记都能作为资料保存，以备日后查找。此外，认真做笔记还能表达一种专心的态度，也是对说话人尊重的体现。记录时如有声语言过快，无法全部记下，可用每句话记录若干关键词或要点的方式，如时间、地点、对象，之后再串联整理。如有必要，在条件允许的情况下还可录音。

三是适当练习。练习听话的方式有多种，如收听广播电台，坚持收听感兴趣的节目，并有意识地默记一些要点，久而久之，接受的信息量大增，听话能力会有大幅度的提升。又如开展一人讲故事，另一人复述的练习，以锻炼说话人的听话和说话能力。故事选择可以先易后难、循序渐进，以达到复述的内容与原文相似，甚至完全一致。

四是偶尔的提问、提示。讲话者总是希望与听讲者交流，希望被对方理解。如果听话者说"我可能没有听懂，你能否讲具体一点？""还有哪些方面需要考虑的呢？"，会使讲话人产生被人理解、接受的感觉，从而给予讲话人继续讲下去的鼓励。

据 2005 年 6 月 16 日《参考消息·北京参考》中《倾听的学问》一文，美国著名心理学家托马斯·戈登的研究将倾听分为三种层次，这对于高效率的倾听有一定的帮助。第一种层次是听者完全没有注意说话人所说的话，假装在听，其实却在考虑其他毫无关联的事情，或内心想着辩驳。听者更感兴趣的不是听，而是说。这种层次的倾听，将导致关系的破裂、冲突的出现和拙劣决策的制定。第二种层次是听者主要倾听所说的字词和内容，但很多时候还是错过了讲话者通过语调、身体姿势、手势、脸部表情和眼神所表达的意思。这将导致误解、错误的举动、时间的浪费和对消极情感的忽略。另外，因为听者是通过点头同意来表示正在倾听，而不用询问澄清问题，所以说话人可能误以为所说的话被完全听懂理解了。第三种层次是倾听者在说话者的信息中寻找感兴趣的部分，他们认为这是获取新的有用信息的契机。高效率的倾听者清楚自己的个人喜好和态度，能够更好地避免对说话者做出武断的评价或受过激言语的影响。好的倾听者不急于做出判断，而是对对方的情感感同身受。他们能够设身处地地看待事物，更多的是询问而非辩解。

此外，应天常、王婷在《主持人即兴口语训练》中提出了拓展听话功能的一些具体技巧，值得借鉴。比如：始终看着对方的脸，体现对对方表述内容的关注；用一种很得体的姿态听别人说话，体现一种尊重；边听边看着对方，通过目光的接触，体现理解与认同；面部浮现一种神采或表情，体现欣赏的态度或浓厚的兴趣；用简单的插话接引，或者用一两句话附和，维系良好的气氛。

三、听话训练

当代著名语言学家、教育家张志公对听话及其训练有如下一段话，值得重视：

稍一留心就会发现，听话的能力并不是人人都一样的，有人善于听，有人不善于听。比如几个人同时听一个人讲话，有的能够敏锐地理解讲话的内容，准确地抓住重点，回去能够向别人复述出来，这就表示，他听的能力比较强；有的人不能充分理解讲话的内容，所得的印象比较朦胧，不得要领，复述不出来，甚至听完以后了无痕迹。听的能力同人的其他能力一样，是在活动中形成和发展起来的，因而是可以训练的。不少老师已经注意到这个问题，而且摸索出来一些训练的方法，比如听写或听后复述等。这种听的能力的训练，不仅极有利于阅读能力的提高，而且由于讲话的人是在连续说出一个又一个的音节，因而还可以促进思维的敏捷。再有，要想充分理解讲话的内容，必须集中注意，这就又培养了学生的注意力。所以，听的能力的训练，作用很大，不容忽视。

以下几则故事用于听话训练，要求说话人讲完之后，听话人能够完整复述故事内容，讲述时准确、流畅，具有启发性或者表现力。

（一）复述练习1

此地无银三百两，隔壁王二不曾偷

从前有一个人叫张三，他好不容易积攒下三百两银子，心里非常高兴。可这么多的钱，放在哪里才安全呢？张三冥思苦想了半天，终于想出了一个自以为很聪明的办法。这天夜里，张三拿着铁锹来到后院，在墙角下挖了一个坑，将银子埋在了里面。埋好后，张三还是觉得不放心，于是他又找来一张白纸，在上面写上了"此地无银三百两"七个大字，贴到坑边的墙上。张三这才觉得放心了，便回屋睡觉去了。

谁知，张三的行为早被隔壁的王二看得一清二楚。等张三睡熟了，王二拿着铁锹来到了屋后，将那些银子挖了出来。王二看着眼前白花花的银子，心里不禁乐开了花。可他转念一想："如果明天张三发现银子丢了，怀疑到我头上该怎么办呢？"他灵机一动，也拿出一张纸，在上面工工整整地写下了七个大字——"隔壁王二不曾偷"，贴在了坑边的墙上。

（二）复述练习2

塞翁失马，焉知非福

古时候有一个老头，因为他住在边塞上，所以人们都叫他塞翁。有一天，塞翁家的马忽然跑到塞外去了，邻居们都来安慰他。可是塞翁一点也不着急，反而高兴地说："丢失了一匹马没有关系，怎么知道这不会是一件好事呢？"

过了一段时间，那匹马自己跑了回来，并且还带来一匹骏马。邻居们赶来向他庆贺，可是塞翁并不为此感到高兴，说："虽然白白得到一匹好马，怎么知道这不会变成一件坏事呢？"

塞翁的儿子很喜欢骑马。有一天，他骑上那匹骏马出去游玩，不小心从马上摔下来，摔断了腿。邻居们又来安慰他，可是塞翁并不难过，他说："这没什么，孩子的腿虽然摔断了，怎么知道这不会成为一件好事呢？"

不久，匈奴兵大举入侵，边塞上的青壮年都被征去当兵了，结果大部分人都死在了战场上。塞翁的儿子却因为伤了腿，不能去当兵打仗，保全了性命。

（三）复述练习3

猴儿吃西瓜

猴儿王找到了一个大西瓜。可是，怎么吃呢？这个猴儿啊，是从来也没有吃过西瓜的。忽然，他想出了一条妙计，召集所有的猴儿，对大家说："今天我找到了一个大西瓜。这个西瓜的吃法嘛，我当然是全知道的。不过，我要考验一下大伙儿的智慧，看看谁能说出这西瓜的吃法。如果说对了，我可以多赏他一份儿；如果说错了，我可要惩罚他！"小毛猴一听，眨巴眨巴眼睛，挠了挠腮说："我知道，吃西瓜是吃瓤儿。"猴儿王刚想同意。"不对！小毛猴说得不对！"一只短尾巴猴跳了起来，"我清清楚楚地记得，小的时候跟我妈去姥姥家，吃过甜瓜。吃甜瓜就是吃皮。我想，这甜瓜是瓜，西瓜也是瓜。吃西瓜嘛，当然是吃皮啦。"大家一听，觉得有道理。可到底谁对呢？于是都不由得把目光集中到一只老猴儿的身上。老猴儿一看，觉得出头露面的机会来了，就清了清嗓子说："吃西瓜嘛，当然……是吃皮啦。我从小就吃西瓜，而且一直吃皮。我想，我之所以老而不死，就是因为吃了西瓜皮的缘故。"

有些猴儿早等不急了，一听老猴儿也这么说，就跟着嚷起来："对，吃西瓜吃皮！""吃西瓜吃皮！"猴儿王一看，认为已经找到了正确答案，站起身来，上前一步，说："对！大伙说得对，吃西瓜是吃皮。哼，就小毛猴一个人说吃西瓜是吃瓤儿，那就让他一个人吃吧。我们大伙都吃西瓜皮！"

于是西瓜被分开，小毛猴儿吃瓤儿，大家伙儿共分西瓜皮。有个猴儿吃了两口，就捅了捅旁边的说："我说这可不是个滋味啊！""嘿——老弟，我常吃西瓜。西瓜嘛，就这味儿……"

（四）复述练习4

没有牙齿的大老虎

在大森林里，谁都知道老虎的牙齿厉害。

小猴伸着舌头说："嗬，比柱子还粗的树，大老虎只要用尖牙一啃就断，真吓人哪！""大老虎嚼起铁杆来，跟吃面条一样……"小兔说着，害怕得缩起了脑袋。可小狐狸却说："你们怕大老虎的牙齿，我就不怕！我还要把它的牙齿全部拔掉呢！"

"哈哈哈，哈哈哈，谁相信小狐狸的话呢。""吹牛，吹牛！""没羞，没羞！"小猴和小兔一个劲儿地笑小狐狸。

嗬！小狐狸真的去找大老虎了。它带了一大包礼物："啊！尊敬的大王，我给您带来了世界上最好吃的东西——糖。"糖是什么？大老虎从来没尝过。它吃了一粒奶油糖："啊哈，好吃极了！"小狐狸以后就常常给大老虎送糖来。大老虎吃了一粒又一粒，连睡觉的时候嘴里还含着糖呢。

这时，大老虎的好朋友狮子忙来劝他："哎哟哟，糖吃得太多，又不刷牙，牙齿会蛀掉的。狐狸最狡猾，你可别上他的当呀。""嗯。"大老虎答应着正要刷牙，小狐狸来了："啊，你把牙齿上的糖全刷掉了，多可惜啊。""可听狮子说，糖吃多了会坏牙的。""唉，别人的牙怕糖，你大老虎的牙那么厉害，大树都能咬断，还会怕糖？""啊，狐狸说得对，我要天天吃糖，我的牙不怕糖。"

从此大老虎不刷牙了，狐狸天天给大老虎送糖吃。渐渐地，大老虎牙疼起来了，它的牙齿一点点、一点点地被虫蛀掉了。又过了一段时间，大老虎疼得哇哇直叫。它去找马大夫："快，快把我的疼牙拔掉吧。"马大夫怎么敢拔大老虎嘴里的牙呀，它吓得连门也不敢开。大老虎又去找牛大夫，牛大夫赶忙逃走："我……我……不拔你的牙……"唉！大老虎的脸肿起来了："哎哟，哎哟，痛死啦！谁把我的牙拔掉，我让他做大王！"

这时候，小狐狸穿着白大褂来了，笑眯眯地说："我来给你拔牙吧。""谢谢！谢谢！"大老虎捂着嘴说。小狐狸一看大老虎的嘴巴，就连忙叫起来："哎哟哟，您的牙全得拔掉！"大老虎歪着嘴，一边哼哼一边说："唉，只要不痛，拔就拔吧……""哎哟，哎哟……"

小狐狸拔呀拔，拔了一颗又一颗……终于全拔光了。哈哈，哈哈……这只没有了牙齿的大老虎成了瘪嘴老虎啦，它还用漏风的声音对狐狸说："还是你最好，既送我糖吃，又替我拔牙。谢谢，谢谢！"

💬 延伸阅读

[1] 孙海燕,刘伯奎.口才训练十五讲[M].3版.北京:北京大学出版社,2015.

[2] 人民教育出版社中学语文室.听话和说话[M].北京:人民教育出版社,2005.

[3] 李元授,白丁.口才训练[M].3版.武汉:华中科技大学出版社,2016.

[4] 李向荣.实用礼仪训练[M].济南:山东人民出版社,2015.

[5] 余玫.现代实用礼仪与训练[M].北京:高等教育出版社,2016.

［6］ 杨建国.语文口语交际概论［M］.广州：广东教育出版社,2015.

视频链接

1. 国家精品在线开放课程《社交礼仪与艺术》第一章第九节"礼仪的重要性（一）"。https://www.bilibili.com/video/av11449324/? p＝9。

2. 国家精品在线开放课程《社交礼仪与艺术》第一章第十节"礼仪的重要性（二）"。https://www.bilibili.com/video/av11449324/? p＝10。

3. 国家精品在线开放课程《社交礼仪与艺术》第一章第十一节"礼仪的缺失（一）"。https://www.bilibili.com/video/av11449324/? p＝11。

4. 国家精品在线开放课程《社交礼仪与艺术》第一章第十二节"礼仪的缺失（二）"。https://www.bilibili.com/video/av11449324/? p＝12。

5. 国家精品在线开放课程《社交礼仪与艺术》第一章第十三节"礼仪关乎成败"。https://www.bilibili.com/video/av11449324/? p＝13。

6. 国家精品在线开放课程《社交礼仪与艺术》第二章第一节"口才艺术的释义、特点与要求"。https://www.bilibili.com/video/av11449324/? p＝14。

7. 国家精品在线开放课程《社交礼仪与艺术》第二章第二节"口语表达的标准"。https://www.bilibili.com/video/av11449324/? p＝15。

8. 国家精品在线开放课程《社交礼仪与艺术》第二章第三节"口语表达的误区"。https://www.bilibili.com/video/av11449324/? p＝16。

9. 国家精品在线开放课程《社交礼仪与艺术》第二章第四节"口才的理念"。https://www.bilibili.com/video/av11449324/? p＝17。

家庭言谈礼仪

　　家庭是社会的细胞，"家庭安，天下安"，家庭和睦有助于和谐社会的构建。家庭言谈礼仪是和谐社会的重要内容。家庭是孩子成长的摇篮，父母或家长应该努力为孩子创造一个良好的成长环境，其中就包括良好的语言环境。夫妻之间的言谈应遵循必要的礼仪，克服不当的言谈形式。父母或家长在与孩子交谈时，也要遵循相应的礼仪，避免不当的言谈。"三岁看大，七岁看老"，重视儿童的言谈有其客观必要性。在家庭里，家长要重视言谈礼仪，孩子也应掌握恰当的言谈形式，克服不当的言谈，做知书达礼、受人欢迎的孩子。

第一节　夫妻言谈礼仪

💬 案例导入

居里夫人与丈夫比埃尔·居里堪称夫妻中互敬互爱、相互体谅的典范。有一次居里夫人过生日，丈夫比埃尔用一年的积蓄买了一件名贵的大衣，作为生日礼物送给妻子。当居里夫人看到丈夫手中的大衣时，爱怨交集。她一方面感激丈夫对自己的爱，另一方面又嗔怪不该买这么贵重的礼物，毕竟实验正缺钱用。"亲爱的，谢谢你，谢谢你！这件大衣确实谁见了都会喜欢的，但是我要说，幸福是内在的，比如说你送我一束鲜花祝贺生日，对我们来说就好得多。只要我们永远在一起生活、战斗，这比你送我任何贵重物品都要珍贵。"如此深情的一番话，让比埃尔既认识到自己花那么多钱买礼物确欠妥当，又为妻子善意的理解、爱意的回赠而深受感动，内心久久不能平静。

一、夫妻言谈的艺术

俗话说，"一家之计在于和"，"家和万事兴"。和睦的家庭需要言谈礼仪，需要语言美。培根说过："一切高尚的家庭，总有一种美的乐趣的吸引。"有人可能认为，夫妻朝夕相处，交谈不必讲究礼仪，这种认识是不妥当的。言语粗俗不堪，动辄充满火药味，会使夫妻双方难以相处，甚至可能导致婚姻破裂。由于夫妻之间的交谈艺术比较微妙，因此只有交谈时用心，才能构筑和谐的家庭言谈环境。周恩来与邓颖超总结出夫妻相处的宝贵经验——"八互"，即互敬、互爱、互信、互勉、互帮、互让、互谅、互慰，值得每一对夫妻借鉴和学习。

下面一则故事曾多次被人提及，为人所称赞：有一对70多岁的老夫妻，两人一辈子从来没有红过脸、吵过嘴，听起来真有些让人不敢相信；因为在大家的观念中，夫妻之间哪有一辈子都没有磕磕碰碰的？老爷子的一席话道出了个中缘由："本来嘛，两人做夫妻，就是一种缘。我不信佛，可我相信人和人之间还是有缘分的。夫妻之间究竟是吵吵闹闹，还是和和美美，我看主要是在'话'上。同样是说话，可以这样说，也可以那样说。你说话难听，我说得比你还难听，这就肯定要吵架了；反过来说，你敬我一尺，我敬你一丈，人心都是肉长的，有话好好说，肯定吵不起来。"

苏联教育家马卡连柯曾说："家庭集体的完整和团结一致是良好教育的一个基本条件……凡是希望把子女真正抚养好的人，都应当保持着那种团结一致的精神。团结一致不仅对孩子极重要，对父母也是极重要的。"为了家庭的团结和睦、子女的健康成长，夫妻之间需要保持良好的交谈、顺畅的沟通。而要实现这一目标，还需要充分发挥礼仪的作用，采取一些良好的方法。

（一）耐心倾听

有人说，倾听是沟通的一半。夫妻双方在倾诉的同时，还应学会倾听。畅销书作家诺曼·怀特在《亲爱的，我们可以不吵架》中指出，送给爱人的最好礼物之一就是倾听，倾听是一种连接、一种关爱。如果你认真倾听你的爱人，他（她）一定能感觉到"自己是值得被倾听的"。如果忽视这一点，他（她）可能会想："我说的一点都不重要"或"他（她）根本就不在乎我！"下面的调查结果曾被广泛引用：日本心理学家新森健二对 6000 名女性做过一项调查，结果显示：有一半以上的年轻妇女喜欢向丈夫或朋友倾诉苦恼，借以消除心理上的压力。这类女性身体比较健康，夫妻感情和家庭关系也较为和谐。相反，不用倾诉的方式而用饮酒、吸烟或服药等方法缓解精神上的苦闷与压力，女性的健康将会受到不同程度的损伤。由此可见，被倾听是夫妻双方的情感需求，女性对此可能更加强烈。因此，丈夫善于倾听妻子诉说，做忠实的听众，将有助于妻子宣泄情绪，进而有利于家庭和谐。

夫妻双方在倾听彼此心声的时候，还有一些较好的方式。诺曼·怀特对此做了一些阐释，比如，他（她）停止说话时，倾听的一方不需要急着考虑将要说什么，也就是不必忙着做出回应，而是全神贯注地倾听和思考爱人所说的事情，仿佛正处在消化之中。在和爱人交流时，很多人并没有认真听他（她）说了什么，而是已经在想他（她）打算给我说些什么。我们时常会认为自己知道爱人将说什么，所以紧闭心扉，完全听不进他（她）到底说了什么。这就不完全是倾听，效果会大打折扣。又如，要完全接纳爱人所说的话，而不去评判他（她）说话的内容和方式。如果觉得不喜欢某人说话的声调或者他（她）使用的词语或句式，你就做不到真正地倾听，因为你可能会对他（她）的声调或内容做出反应，从而忽视真正的内涵。也许人们并不能以最佳的方式发表评论，但是可以先认真听完，然后等双方都平静后再回来讨论语音或遣词造句的问题。诺曼·怀特进一步总结说，接纳并不意味着你需要认同对方的内容，它是指你应该先理解他（她）的意思或感受。再如，当爱人跟你交流时，你可以重复他（她）说的话，并且告诉他（她）你体会到他（她）当时的感受是什么。真正的倾听要求倾听方对爱人的情绪和观点持有明显的兴趣，并且愿意设身处地地理解对方。这是夫妻双方倾听的较高层次，接近或达到这个层次，夫妻双方都会有较大的收获。

（二）学会赞美

不少人都相信，在人际交往中，赞美是一种有效的感情投资，投入很小，而获得的回报却很大，因此是一种非常符合经济原则的礼仪行为，值得经常性地使用。

美国著名作家马克·吐温曾幽默地感慨："一句美好的赞扬，能使我活上两个月。"赞美蕴含巨大的魅力，赞美爱人能使夫妻更加恩爱。夫妻双方学会使用赞美就会产生积极的效应，而忽视它则可能带来明显的缺憾。婚姻问题专家迪克斯发现，有的妻子总是抱怨说，她们的丈夫把她们的存在看得理所当然，从来不赞美她们，不注重她们身上穿的衣服，不给她们任何在外表看得出来的爱的表示。但是，这些女人同样不理解她们的丈夫，于是对待她们丈夫的态度也同样冷淡。很明显，这是夫妻双方不懂欣赏和赞美所导致的巨大缺憾。

夏子轩编著的《一切改变从欣赏开始》中有一个故事，很能说明夫妻欣赏与赞美的力量之大。丹尼尔在战争中受了伤，他的一条腿有点残疾，而且瘢痕累累。但幸运的是，他仍然能够享受最喜欢的运动——游泳。有一个星期天，也就是他出院以后不久，他和他的太太去海滩度假。在做了简单的冲浪运动以后，丹尼尔在沙滩上享受阳光浴。不久，他发现大家都在注视他。从前他并没有在意自己这条满是伤痕的腿，但是现在他知道这条腿太显眼了。到了第二个星期天，太太提议再到海滩去度假，但是丹尼尔拒绝了。他说不想去海滩，宁愿待在家里。他太太的想法却不一样。"我知道你为什么不想去海边，丹尼尔，"她说，"你开始对你腿上的疤痕产生自卑了。""我承认我太太的话说出了我的心理，"丹尼尔说，"然后她向我说了一些我一辈子也不会忘记的话，这些话使我的心里充满了喜悦。她说：'丹尼尔，你腿上的那些伤疤正是你勇气的徽章。是你的勇敢，赢得这些疤痕，它们是你的光荣。不要想办法把它们隐藏起来，而是要记住你是怎样得到它们的，而且你一定要骄傲地带着它们。现在走吧，让我们一起去游泳。'"丹尼尔同意太太的说法，他的太太消除了他心中的阴影，甚至让他有了更好的开始。海滩上的人围着他，有个小男孩以一种无法想象的眼神看着他。"我可以摸你的腿吗？"小男孩问。"可以。"小男孩触摸丹尼尔腿上的伤痕："一定很痛吧？""是啊，可是我们打胜这场仗了。"丹尼尔的身边响起掌声，他们尊敬他，称呼他"英雄"。

美国心理学家威廉·詹姆斯认为，渴望被人赞赏是人最基本的天性。俗话说："人同此心，心同此理。"生活中我们渴望得到他人的赞赏，同时也应乐于赞赏他人，夫妻之间也应如此。留余在《巧妙赞美给你的人缘加分》中主要说明了5种赞美他人的方法和技巧，有助于人们较好地使用赞美语。

（1）情真意切。虽然人都喜欢听赞美的话，但并非任何赞美都能使对方高兴。能引起对方好感的只能是那些基于事实、发自内心的赞美。相反，如果没有根据，虚情假意地赞美别人，对方不仅会感到莫名其妙，更会觉得你油嘴滑舌、诡诈虚伪。例如，当你见到一个相貌一般的先生，却偏要对他说："你真是太帅了。"对方就会认为你说的是违心话。但如果对他的服饰、谈吐、举止等方面的出众之处真诚地赞美，他就会高兴地接受，并马上对你产生好感。所以，只有用发自内心的真情实感去赞美，才不会给人虚假和牵强的感觉。

（2）翔实具体。赞美不是阿谀奉承，如果你的赞美毫无根据，或者含糊其辞，说一些"你工作得非常出色"或者"你是一位卓越的领导"等空话，会使对方误以为你是个溜须拍马、别有用心的人，甚至产生不必要的信任危机。相反，你的赞美用语越具体，越说明你对对方的了解，对对方的长处越看重。让对方感到你的真挚、亲切和可信，你们之间的人际距离就会越来越近，从而避免尴尬、混淆或者偏袒的情况发生。

（3）雪中送炭。俗话说："患难见真情。"最需要赞美的不是那些早已功成名就的人，而是那些因被埋没而产生自卑感或者身处逆境的人。他们平时很难听到一句赞美的话语，一旦被你当众真诚地赞美，便有可能振作精神，大展宏图。所以，最有实效的赞美是雪中送炭，而不是锦上添花。

（4）合乎时宜。在日常生活中，人们有非常显著成绩的时候并不多见。所以，交往中应从具体的事件入手，善于发现别人哪怕是最小的长处，并不失时机地予以赞美。同时，赞美还要相机行事，适可而止。比如当别人计划做一件有意义的事时，开头的赞美能激励他下决心做出成绩，中间的赞美有益于他再接再厉，结尾的赞美则可以肯定成绩，指出进一步的努力方向，从而达到"赞美一句，激励一程"的效果。

（5）因人而异。人的素质有高有低，年龄有大有小。因人而异，突出个性，有特点的赞美比一般化的赞美能收到更好的效果。比如成年人总希望别人记得他"想当年"的雄风，所以和他们交谈的时候，可以多称赞他引以为豪的过去；对年轻人不妨语气稍为夸张地赞美他的创造才能和开拓精神，并举出例子证明他的确前途无量；对于经商的人，可称赞他头脑灵活，生财有道；对于有地位的干部，可称赞他为国为民，廉洁清正；对于知识分子，可称赞他知识渊博，宁静淡泊……当然，这一切要依据事实；否则，夸之过火，让人起鸡皮疙瘩，反而会让人产生反感。

赞美并不一定总用一些固定的词语，甚至不一定都是有声语言，有时还可以借助身体语言，比如投以赞许的目光、做一个夸奖的手势、送一个友好的微笑，都能收到很好的效果。这也告诉我们，赞美的方式不拘一格，如能得体、适当变化、恰到好处，则会收到积极、良好的效果。

（三）保持商量

人与人在人格上是平等的，人与人的交往提倡谦和有礼，体现在夫妻言谈上，遇事可以"有商有量"，而不是一方凌驾于另一方之上。夫妻交谈如能采取平等的原则、谦和的态度、商量的口吻，则会收获良好的家庭氛围。例如丈夫想去看电影，他若以征询的口吻说："××，明天有好电影，我们一起去看好不好？"一个贤惠的妻子，也总会非常乐意地接受这一建议。如果这个丈夫用另一种方式讲话："我今晚要去看电影，你跟不跟我一道去？你若不去，那我自己去。"显然，这种说话方式有可能会使妻子进退两难，感到不舒服。

家庭生活中，夫妻之间难免会有分歧，甚至出现口角，遇事以平和的态度商量着办，体现出相互尊重，有利于家庭关系的和谐。下面两组对话常被用来比较，说明夫妻言谈时不同的态度往往会带来不同的结果。

案例一

　　"去，泡杯茶来！"丈夫边写字边对妻子说。

　　"你自己也有手，喝茶自己倒！"妻子答道。

　　"你没见我正忙着吗？有空还叫你？"丈夫不高兴了。

　　"忙、忙、忙！你总是忙！难道我闲着？"妻子反驳道。

　　丈夫用命令式的语气说话，不懂商量，惹得妻子生气了。长此以往，夫妻关系会越来越紧张。

案例二

　　丈夫："我的皮鞋太老式了，我想买双新式点的。你看呢？"

　　妻子："最近店里中意的男式鞋不多，我看你还是穿一阵子吧，等新式样多一点再买吧。不过，你如果急着想买，那就等这星期天我陪你去看看，怎么样？"

　　这段对话中，丈夫说"你看呢"，妻子说"怎么样"。凡事商量着办，不偏激、不固执，更不命令，亲切融洽，互敬互爱，这样家庭和睦也就有了保障。如果例一中的丈夫改用商量式的问句："我正忙着，你能给我倒杯茶吗？"妻子很可能会愉快地接受。

　　值得注意的是，夫妻在日常生活中，一方对另一方用命令的口吻分配工作或指派任务，可能是常有的事情，但如果过多地这样做，则容易引起不良后果，尤其在对方情绪不佳时，听起来会不顺耳，甚至可能成为发生争吵的导火索。因此，总的来讲，夫妻之间言谈应多商量、少命令，体现尊重。

（四）适时示弱

　　经验事实告诉我们，夫妻之间适时示弱，勇于面对和承认自己的错误，是一种接纳不完美的自己的表现。即便没有错，适当示弱，用言语、体态语安慰对方，或者表达希望得到对方的关爱等，在赢得对方理解、接纳的同时，更容易拥有长久幸福的情感关系。然而，现实生活中，有的夫妻缺少这样的能力，他们做不出示弱的行为，当需要示弱时，他们的内心可能会有这样的想法："凭什么要我哄他（她）？""这样不就是我认输了吗？""这样多没面子啊？"不愿意认输，根本的原因就是不愿意放下面子、承认自己的错误，而夫妻双方适时示弱却有其现实必要性。

下面这则故事很能说明适时示弱的必要性与重要性：有一次，管理几百人的企业老总向朋友抱怨"累"。朋友笑了笑，不以为意，心想："管着那么多人，操心着那么大一个企业，不累才怪呢。"可是没想到，他继续跟朋友说："不是工作的时候累，而是在家的时候累。"朋友大吃一惊，这个老总的妻子非常善良贤惠，而他本人也没有生活作风方面的问题，家庭应该是比较和睦的，为什么还说累？有一天，他邀请朋友去他家吃晚饭，才知道问题所在。下班途中，朋友和他一起回家，了解到他公司的产品出现了一些问题，开了一整天会来讨论，但是问题还没有得到解决，所以，他内心很脆弱，甚至处在崩溃的边缘。回到家后，他是很想亲近孩子和妻子的，可是这个时候妻子在厨房里做菜，孩子在自己房间玩玩具，谁也没有注意到他回来了。他本想叫孩子过来陪他一会儿，可是话到嘴边，他却说："把你的作业拿过来给我看一下。"恰巧孩子还没有做作业，于是，就被他骂了一顿。孩子委屈地回去做作业了。然后，妻子把饭菜端出来，他又开始抱怨妻子做的菜不好吃……就这样，一顿晚饭，在妻子和孩子的战战兢兢中度过了。饭后，朋友和他聊天得知，其实他最简单的需求只是得到妻子或孩子的拥抱或者鼓励。朋友不禁问："你为什么不直接告诉他们，你需要他们呢？"这时他叹了口气，说："我一个大男人，从来都是家人需要我，我是他们的顶梁柱。这种话哪里说得出口！"在公司里，他是领导；在家里，家人依赖他。所以他觉得，自己必须在任何地方都表现得很强悍，才能让别人放心。由此看来，在家里不懂得适当示弱，自己很累，家人也可能跟着受罪。这个老总在事业上受到打击时，需要有人安慰，这个时候他是很需要爱的，可是他却拼命摆出强者的姿态（比如指责家人、挑家人的毛病），那么，自然得不到关爱了。

现实生活中，不仅有的丈夫不懂得示弱，有的妻子也是如此。比如，有个妻子，白天上班已经很累了，晚上回到家还要做家务。这个时候她可以放低姿态，和丈夫撒撒娇，说自己累了，这样，很可能会获得丈夫的理解，赢得他的帮助。而这个妻子此时不但不这样做，反而指责丈夫好吃懒做，然后又哭诉自己多么辛苦。丈夫受到指责后自然会把自己防御起来，夫妻之间的关爱停止流动，丈夫也就很难感知妻子真正的需求了。

（五）懂得谅解

夫妻双方用亲切温柔的话宽慰人，会使人丢掉烦恼，进而给家庭增添无限的乐趣。夫妻双方相互谅解的例子有很多。有个丈夫下班回家，满脸怒气，一言不发。妻子安慰说："单位里又碰着什么恼火事了？气它干啥呀？常言道，不如意事常八九嘛。哪能事事称心呢。来，听段音乐，休息一下吧。"丈夫的火气就慢慢消了。有个妻子因病假过长，工资没涨上，气得不肯吃饭。丈夫安慰说："留得青山在，不怕没柴烧。养好身体，什么都有了！一级工资才多少钱？身体好，不提前退休，多干几年，不就能挣到几倍的钱吗？"这样，妻子慢慢就想通了，吃起饭来。家庭生活中，夫妻双方都可能做错事，都会有不顺心的时候，双方应学会好言好语体谅人，做到不责骂挖苦、不武断粗暴，为家庭和睦创造条件。这是安慰式谅解。

有人说，幽默、风趣的言谈，是夫妻生活中的重要内容之一，其作用就像菜肴里的味精。遇到不愉快的事，说几句诙谐的话，大家都会在轻松的笑声中变得乐滋滋的。邵天声的《〈演讲与口才〉文章荟萃》里有不少体现夫妻乃至家庭成员相互谅解的故事：妻子把饭烧焦了，丈夫却美滋滋地吃着焦饭，笑着说："这饭黄、白、黑三色交杂，丰富多彩，黏糊糊，香喷喷，大饭店都买不到呢。"一句话把妻子逗乐了。妻子把饭烧得太烂了，丈夫笑笑说："没关系，烂饭好消化！"有时饭又太硬了，婆婆笑着说："多嚼嚼，锻炼牙齿嘛！"任弼时与夫人关系很好。一次，任老心绪不佳，发了一通脾气，其夫人顶撞了两句，他伸手要打人。"怎么，拳头专政，我成了蒋介石？"其妻风趣地说。任老的气一下子消了，化干戈为玉帛。还有一次，任老的夫人不小心把饭烧糊了，任老吃着，嘴巴都是黑乎乎的。夫人十分愧疚，任老为了打消她的顾虑，诙谐地说："这黑饭可以治癌，是一种难得的补药。""我明天得演黑脸张飞，用不着化装了。"说得夫人"扑哧"一声乐了。幽默、风趣的话语往往受人们欢迎，家庭成员之间也需要适当的幽默和风趣，它有化紧张为欢乐的神奇力量。这是幽默式谅解。

符合时机的说笑打趣，可以使夫妻摆脱不必要的烦恼，有时还能化干戈为玉帛。忧愁和兴奋在夫妻生活中往往会交替出现，当对方心绪不佳时，最好不要说一些不愉快的事，否则无异于火上浇油。在这种情况下，不妨说一些意料之外的令人高兴的趣事。下面几则故事被广为引用，其中说笑打趣都收到了神奇的效果。战争时期，邓颖超曾被一件小事弄得心烦意乱，周恩来知道后，兴奋地说："我告诉你一个最大的好消息，彭总领导的百团大战，已经全线获胜，歼敌3万余人。""真的？""不是蒸（真）的，还是煮的？"邓颖超听了转忧为喜，两人互相凝视着笑了，笑得很舒心。马克思曾与人谈及他的个人生活："她高兴，我让她尽情；她烦恼，我要让她的烦恼短命。"马克思的妻子燕妮兴致勃勃地缝制小孩的衣服，马克思上前去说："亲爱的，让他的爸爸瞧瞧。如果没有我的努力，你会失望的。"一句话，幽默风趣，说得燕妮涨红了脸。有一对夫妻因小事争执不下，在家吵闹不休。正当妻子向丈夫大吼时，恰有一个朋友来访，丈夫尴尬得无地自容。好在妻子也顾及丈夫的面子，看朋友到来连忙改口。但丈夫一时无法从窘境中摆脱。朋友见状，笑着说："听你俩交流还挺热烈，我来得可真不是时候啊！"此话一出，妻子先红了脸，无语离去。丈夫马上调侃地对朋友说："打是亲骂是爱，我们刚才是在打情骂俏呢。别看她刚才那么凶，其实正表示她对我的关心，不信你问她。"这时，他的妻子从里屋出来也与朋友打哈哈，争吵便化为云烟。

夫妻间的非原则性矛盾，一般说来都可以通过谅解来解决，而此时需要得体的话语来融解和消除彼此的矛盾。小说《人到中年》中的陆文婷，每当看到丈夫为了家务而误了事业，不得不用晚上的时间来刻苦工作，以至累得精疲力竭时，她总是深情而内疚地说："都是我不好。"这样诚挚的话语使丈夫傅家杰心里充溢着一股股暖流，为自己有这样一个好妻子而感到慰藉和幸福。下面这则故事中的夫妻双方就是通过谅解解决了矛盾。一对夫妻争吵，丈夫愤然出走。到了傍晚时分，丈夫漫步来到海边，发现妻子竟然也在海边凝视沉思，默默哭泣。当他俩对视了许久后，妻子不无惊奇地说："你……？"丈夫也内疚地相应："你……？"继之，妻子又说了："我是来向大海诉苦的，是来这初恋的'圣地'追忆的。既然我们第一次甜蜜的约会是在这里，今天我要倾吐苦衷的地方也应该是这里……我们结婚8年了，为了生活，我含辛茹苦，家里家外，缝洗烧煮，却很少见到你有笑脸、听到你有句好话……只因我的脾气也不好，气得你离家出走。你一走，我追悔莫及，你以出走来惩罚我，我能受得了吗？……常言说，一日夫妻百日恩……"她的丈夫被深深地打动了、感化了，在拥抱中重又荡起了初恋的涟漪……

由此可见，夫妻双方相互尊重、体贴的话语，无疑具有巨大的魅力，它就像一个磁场，深深地吸引彼此，从而有助于维持长久的美好情感。

（六）适当闲谈

家庭生活中，茶余饭后谈天说地，聊聊家常，说说闲话，一家人说说笑笑、乐乐呵呵，能够增强家庭的和睦气氛。严格来讲，这些闲话没有什么特殊的、明确的目的，似乎是"废话"，可实际上并非如此。闲话是一种感情交流，是家庭生活的点缀。假如不会闲谈，一点"废话"都没有，那么家庭言谈会冷冰冰、硬邦邦，缺少生机与活力。

下面的情形可能在有些家庭并不少见：

> **母：**（关心地）你今天回来得怎么这样晚？
>
> **子：**机关里有事。
>
> **母：**你也太忙了！我真担心你的身体。机关里怎么那么多事？不能分给大伙做做吗？
>
> **子：**你不懂的！
>
> **母：**要吃饭吗？我给你把汤热一下。
>
> **子：**我吃过了。
>
> **母：**明天包饺子，你能早点回家吗？我们等你回来一道吃。
>
> **子：**不一定。

现代人生活节奏快，常因忙碌而忽略了和家人的交流，包括适当的闲谈。这里，儿子的回答冷淡乏味，和母亲的交流显然还不够。其实，儿子完全可以谈谈杂事，或者工作、生活中的趣闻，甚至今天的心情等。母亲听后不一定有用处，但心里会感到热乎乎的，家庭里一下子就会显得和睦、有生气了。这里说的是母子之间，夫妻之间也应如此。适当的闲聊是必要的，否则夫妻之间就会缺少沟通的渠道，容易让夫妻双方产生摩擦，对双方造成伤害。卡耐基曾说："共享每一件东西——不管是一片面包或是一个思想——可以使人的关系更为密切。和你所爱的人共享一些爱好和娱乐，这是在夫妻关系中得到幸福的最主要方式之一。"闲聊就是一种共享，包括思想的、情感的，这是夫妻幸福生活的重要来源之一。

此外，闲谈时应和善亲切，讲究方式方法，在"没话找话"与善用时间之间寻求平衡。有人提出做家务时、散步时，饭桌上、灶间里，尽可无话不谈，"闲话"绵绵，值得借鉴。

二、几类不当的言谈形式

有这样一句谚语："生活在失去和睦的家庭，等于生活在地狱里。"家庭和睦是每个家庭的追求。遗憾的是，现实生活中"地狱式"的家庭是存在的，它们的形成各有不同的因素，但不善言谈、不讲礼仪可能是共同的原因。以下所列的几种夫妻言谈形式，都是缺少礼仪的表现。

（一）过度抱怨或唠叨

西方谚语说："如果说不出别人的好话，不如什么都不说。"这提醒人们，说话应有分寸，应有选择，不能肆无忌惮、任性而为。一个关于婚姻问题的调查结果表明：女人最讨厌出轨和没有责任心的男人，而男人最讨厌女人的爱抱怨和不宽容。由此看来，过度抱怨或唠叨可能会给家庭生活带来麻烦。下面是多萝西·萨尔诺夫在《交际言谈技巧》中列举的夫妻之间的相互抱怨。

妻子：他一回家就一言不发，总是拿着一张报纸和一杯酒坐到一边边喝边看，对别人视若无睹。如果我问他什么问题，他总是用一两个字尽量简短地回答我。如果我想与他交谈，他又总是心不在焉，好像在想些高深莫测的问题。我已经同调皮的孩子们打了一天的交道，孩子们弄得我疲惫不堪。我想跟他谈谈，以调剂调剂自己，可他就是把我拒之门外。

丈夫：我一踏进家门，她就向我没完没了地抱怨：餐具没有洗干净啦，清洁工偷懒啦，彼特叫错了她的名字啦，某个孩子不太听话啦，等等。所以，下班后我宁愿顺路到餐馆去喝一杯，也不愿过早地回家去听她那没完没了的不舒心事儿。

丈夫：我一放下公文包，她就劈头盖脸地问我："今天办公室里有什么新鲜事儿，亲爱的？"天哪，我可看不出办公室每天都有新鲜事儿，即使有，我也想尽快把它忘掉。难道我工作一天之后，还要向她讲这一天的流水账吗？她为什么不能不问这类像问题呢？所以，我懒得回答这些问题，而打开了电视机。

有人说，我们中的大多数人都习惯于把自己当作主体，把他人当作客体；但我们需要做的却是把他人当作主体，把自己当作客体。过多的抱怨或唠叨，有可能导致更坏的结果。遇到上述情况，夫妻双方首先需要停止抱怨或唠叨，静下心来倾听对方的声音，然后做出改变。

夫妻双方都有相互倾诉的情感需求，可是如果把握不当，把倾诉变成不断唠叨，喋喋不休，则可能会让对方难以接受，进而伤及感情。俗话说，"话多不如话少，话少不如话好。"鲁迅《祝福》里的祥林嫂，初次向人们述说她儿子阿毛被狼吃掉的悲惨故事时，立刻引起了人们的同情，听的女人们"还要陪出许多眼泪来"，"但不久，大家也都听得纯熟了，便是最慈悲的念佛的老太太们，眼里也再不见有一点泪的痕迹。后来全镇的人们几乎都能背诵她的话，一听到就烦厌得头痛"。这就是反复述说同一个内容所带来的坏的效果。培根在《论谈吐》中说道："一个人如果对一个话题喋喋不休，就会如同俗话所言的'鞭策过度'一样令人厌烦。"

下面的故事看似极端，但表现了过度抱怨或唠叨带来的危害。24 岁的阿尔及利亚裔男子阿赫迈德·萨希和他的意大利妻子住在意大利北部。然而萨希因为违反了意大利的移民法，被当地法庭判处 9 个月本宅软禁。未经法律许可，他不得擅自离开家。没想到，软禁在家期间，萨希的意大利老婆对他抱怨不断。萨希感到一天到晚响在耳边的都是妻子的唠叨声。一个星期后，他再也受不了了，冲到当地法庭上，恳求法官改判他坐牢，而不是在家软禁；因为他一刻也无法忍受妻子的唠叨声了。据悉，当地法官看到萨希"宁愿坐牢，也不愿再听妻子唠叨"的"痛苦情景"后，出于同情，最后同意了他的请求。后来萨希果真被关在监狱中，继续服完他剩下的 8 个多月刑期。一个不能忍受妻子唠叨的男人在电子邮件中说："我娶了个'唠叨皇后'，我再也受不了她吹毛求疵、无休无止的抱怨和骚扰了。从我回到家一直到上床睡觉，她总是不停地唠叨。"不少人相信，唠叨就像漏水的龙头一样，把人的耐心消耗殆尽，并且逐渐累积起一种憎恶。可见过度抱怨或唠叨会伤害夫妻感情，因此是一种不当的夫妻言谈形式。

（二）喜欢贬损

"金无足赤，人无完人"。夫妻双方在评判对方时应用欣赏的眼光多看到对方的优点，而非不足。人们常说："生活中不是缺少美，而是缺少发现美的眼睛。"要想家庭和美、夫妻相睦，当着家人的面或在外人面前，夫妻都要多讲对方的长处、优点和让人欣赏之处，充分肯定对方的地位、价值，而不是有意无意地贬损，使家庭的和睦失去保障。如果妻子嘴巴尖利，总是位居高台，颐指气使，斥责男人："我瞧见你就饱了！""你干什么什么不成，就会偎窝子，认识炕。"就会把男人贬得一文不值，致使其心生怨恨。如果丈夫喜欢用"爷们儿"的口气跟妻子说话："怎么还没做好饭?！都累死我了，你干事总是这么慢。找你，我这辈子可真倒了霉了！"那么妻子的感受可想而知。如果夫妻之间常用这种贬损的方式说话，争吵不休也就是家常便饭了。

有人说，如果喜欢通过贬低他人来体现自己的优越，不知不觉就会把别人当成自己的垫脚石，在踩踏他人自尊的基础上美化自己。这样不仅有失风度，还会招来怨恨。有一个笑话广为流传，笑后却引人思考：宋代苏东坡非常喜欢参禅。有一次与金山寺的佛印禅师一起打坐，苏东坡觉得身心舒畅，便问道："禅师，你看我的坐姿怎么样？"禅师答道："很好，像一尊庄严的佛。"苏东坡听了很高兴。佛印禅师接着问苏东坡："学士，你看我的坐姿怎么样？"苏东坡从来不放过嘲弄禅师的机会，马上回答说："像一堆牛粪！"佛印禅师听了也很高兴。苏东坡见将禅师比喻为牛粪，禅师竟无以为答，心中以为赢了佛印禅师，于是赶紧回到家中，兴高采烈地对妹妹苏小妹说："哈，我今天终于赢了禅师！"苏小妹问道："你怎么赢的？"苏东坡得意地叙述起刚才的事情。苏小妹天资聪颖，听了苏东坡的话之后，正色说："哥哥，你输了！佛家说，佛心自现，你看别人是什么，就表示你自己是什么。禅师的心中像佛，所以他看你像佛；而你心中像牛粪，所以你看禅师才像牛粪。"培根在《论谈吐》中讲到英国西部的两个贵族，其中有一个喜欢贬损他人，可是又常在家中设宴，慷慨待客。另一个则常常问那些来赴宴的人："说实话，在他的宴席上难道没有人受过他的嘲弄或戏谑？"对此，客人们答道："确常有此事。"于是这个贵族就说："我早就料到他会将一次盛宴弄糟的。"培根由此指出，"谨慎的言辞胜于雄辩，交谈时谈吐的适宜甚至比措辞优美、条理清楚更具效果。"还有这样一个故事：拿破仑三世爱上了世界上最美丽的女人尤琴·德伯女伯爵，并和她结了婚。拿破仑三世被她的高雅妩媚、年轻美貌征服了，他的内心充满着幸福快乐。他甚至在皇家文告中激烈地表示，为了选择他的所爱，他将不顾全国人民的意见。虽然拿破仑三世和他的新娘拥有财富、权力、名声、美丽、健康、爱情、尊敬等所有符合罗曼蒂克的条件，但他们并没有幸福地生活下去。原因是，这个美丽得几乎接近完美的女人爱嫉妒，疑心很重。她蔑视拿破仑的命令，甚至不给他一点私人时间。她会在他处理国家大事时冲进他的办公室，在他的书房里大声地辱骂他。她还常常去姐姐那里，又说又哭地数落丈夫的不好。这就是喜欢贬损带来的后果。

心理学家认为，人人都需要"心理营养"，这些"心理营养"包括被爱、被肯定、被理解、被尊重、被赞扬、被关注、被信任、被宽容等。夫妻间的贬损是缺乏理解、尊重、赞扬、宽容等的体现，因此，缺乏"心理营养"是不当的言谈形式之一。

（三）粗俗无礼

有"礼"走遍天下，无"礼"寸步难行。夫妻之间需要言谈礼仪，体现语言美，不能开一些品位不高甚至低级下流的玩笑，或者说一些无礼的话。在日常生活中，"妈的""狗娘养的""你给我滚"等不文明语言，是夫妻言谈的禁忌。周恩来说过，知道尊重人的人，才会受到别人的尊重。夫妻之间同样需要互相尊重。

有人说，礼貌不能造就人类，但是礼貌可以使人变得豁达、文明、高贵。文雅的言谈、愉快的情趣，便是加深夫妻情感的催化剂。反之，粗俗、尖酸的言语，死板冷默的声调，会使生活与爱情之花枯萎。亚里士多德曾说："说服的修辞有三个要素——信誉、逻辑和情感。"晓之以理，动之以情。夫妻间的劝说、争论，既要注意语言美，又要注意分寸，注意以理服人、以情动人，用幸福的话语传递爱，进而感染对方，以免伤害对方的自尊心。在缺少礼仪的言谈中，"伤情话"应尽量避免，例如"今生今世我最大的失败，就是找上了你！""你这种人天下稀有，我怎么就稀里糊涂地撞在你的枪口上了？"如果争吵扩展至父母、兄弟、姐妹、亲朋好友，伤筋动骨，势必会伤及夫妻感情。

父母是孩子的第一任老师，也是最好的老师。由于孩子的模仿能力很强，夫妻间的言谈会直接影响孩子的说话和行为。古人云："与善人居，如入芝兰之室，久而不闻其香，即与之化矣；与不善人居，如入鲍鱼之肆，久而不闻其臭，亦与之化矣。"俗话说，"近朱者赤，近墨者黑。"夫妻言谈应追求"语言美"，切忌"语言污染"，要用得体、优美的语言陶冶孩子的情操。

三、案例分析

案例一

刘女士的先生在机关后勤工作，工作比较轻松，收入比较丰厚，但生活较为节俭。刘女士在学校工作，喜欢时尚，喜欢与年轻人在一起，喜欢活动。婚后的生活中，日常的买菜、做饭、做家务基本都由刘女士的先生承担。这样的安排让刘女士的同事们很羡慕，刘女士有足够的理由向先生的付出表示赞美。可事实上，由于刘女士从未做过这些家务，所以体会不到买菜、做饭的辛苦，对先生的付出也就不屑一顾，有时候甚至还会责怪先生做的菜没有新意。在这样的氛围之下，先生与刘女士的交流越来越少，饭后就自顾自地去玩电脑游戏了。为此，刘女士对先生很是不满，责怪先生不会说话、不会交流，更不会浪漫。无奈的先生没有办法，只好选择出去娱乐，夫妻之间的交流十分困难。

一次，刘女士的同学到她家做客，按惯例还是由刘女士的先生买菜做饭。这一切刘女士的同学都看在眼里，为此不仅感动还羡慕不已。吃饭的时候，刘女士的同学又惊叹了：因为刘女士的先生做的菜不但非常可口，而且菜的色香味与营养搭配都很讲究。这个同学一边吃一边赞叹，让刘女士的先生很有成就感，一下子说了很多话，与这个同学交流得非常融洽。事后，这个同学又向刘女士大发感叹，不断地夸奖刘女士的先生如何如何好，羡慕刘女士有福气。

后来，刘女士做了自我反省，认识到自己在与先生的沟通中出了问题，于是很认真地问先生："我对你是不是有点过分呀？"先生说："当然了。我在你眼里什么都不是，我还能做什么？我还能说什么？"这让刘女士越发觉得问题的严重了。第二天，刘女士提出了自己尝试买菜做饭一个月的建议，得到了先生的赞同；但先生也宽容地说，假如实在做不到了也没有关系。

刘女士对开始几天的尝试还有些新鲜感，觉得买菜做饭还挺有成就感的。但一周后就烦了，因为到了菜市场不知道买什么菜好，买回来了还要洗菜，烧菜又要花很长时间，原来比较柔软的手也变得粗糙难看了，吃完饭后还得花很长的时间搞卫生。这个时候，刘女士深深地感受到了先生日常的辛勤付出是多么不简单，于是对先生由衷地赞美。先生听着妻子的赞美感觉特别好。从此以后，刘女士与先生的关系融洽了，家务事也做了适当的分工，夫妻俩在相互的赞美中幸福地生活。（引自育儿网 http://www.ci123.com/article.php/56388）

案例一中刘女士与丈夫的言谈发生了怎样的变化？请分析这种变化带来的好处。

案例二

有一个妻子，丈夫是一家公司的业务经理，由于工作关系常常在外应酬客户，夜半归家是家常便饭。起初，妻子对此很反感，也很不满，尤其是看到一身酒气的丈夫东倒西歪地吐个不停时，她总是大吼大叫，甚至赌气不让丈夫进卧室。不难想象，两人的关系一度趋于紧张。发展到后来，丈夫为了避免这样的争吵和大动干戈，有时竟然夜不归家。这个妻子经过思索，觉得赌气吵架解决不了问题，于是就换一种方式，以和风细雨式的温柔唤醒丈夫、感化丈夫。

她做得十分成功。每当丈夫摇摇摆摆地归来，她总是搀扶着丈夫靠在沙发上，再用热毛巾给丈夫擦脸，然后温和地递给丈夫一杯热茶。她的脸上写着温柔和宽容，她不再抱怨和吵闹，也不再提那些"醉鬼""离婚"之类刺伤丈夫自尊心的字眼。人心都是肉长的，丈夫对妻子先是不解，再是感动，后来他再应酬时总是尽量地不喝酒并争取早些回家。于是，不到半年，夫妻二人又找回了结婚初期的温馨和甜蜜。（引自何小娥《礼仪时尚》）

案例二中妻子的言谈发生了哪些变化？收到了怎样的效果？

案例三

有这样一对夫妻：丈夫是部队里的营长，长年在外；妻子是某外资企业的总裁助理，相貌美丽，颇有才华。两人结婚两年来，恩恩爱爱，如胶似漆。如果这个丈夫能对妻子多一些信任，那么这个小家庭该是多么幸福美满啊！可不知为什么，丈夫总是担心自己那美丽的妻子会被人"抢走"，他尤其不放心妻子所在企业的领导——一个年轻有为、家财万贯的企业家。

于是，丈夫常常"查看"妻子的通信记录和传呼机，并时不时地旁敲侧击一下。对此，贤淑明理的妻子并不以为意，她认为这是丈夫对她太爱、太在乎的一种表现。

但遗憾的是，这个丈夫越来越变本加厉了，他竟托人弄来了两个窃听器装在自己家中的电话里，以便能"万无一失"地监视所有与妻子来往的人；这还不算，他后来竟然拿出了以前在部队当侦察兵时的本领来跟踪妻子。他如此"坚持"了半年之久，事实证明妻子的确是一个忠贞贤淑的好女人。

这下，他终于放心了，对妻子的爱也更深了。他在一个浓情蜜意的夜晚，把这一切都告诉了妻子。对此，毫不知情的妻子先是惊愕和震惊，继而万分痛苦地哭了一夜。

两个月后，妻子将一纸离婚起诉书递到了法院。任凭这个糊涂丈夫如何解释，寒了心的妻子只有一句话："你根本不信任我。这种没有信任的婚姻我无法承受，太痛苦了。"（引自何小娥《礼仪时尚》）

案例中夫妻离婚说明了什么？请予以分析。

💬 延伸阅读

[1]　何国松.说话说到点子上[M].长春:吉林大学出版社,2010.

[2]　火柴盒.这样说话,你的气场才够强大[M].北京:北京理工大学出版社,2012.

[3]　冠诚.年轻人一定要懂得的说话艺术和处世哲学[M].北京:北京理工大学出版社,
　　　2011.

[4]　邢延国.说话办事的艺术[M].北京:印刷工业出版社,2012.

[5]　星云大师.星云日记35:说话的艺术[M].长沙:岳麓书社,2013.

[6]　程立雪.说话攻心术[M].北京:中国长安出版社,2010.

[7]　刘小漂.向孔孟学雄辩:最有中国味的说话之道[M].北京:中国华侨出版社,2013.

[8]　林文力.令人心悦诚服的说话之道[M].呼和浩特:远方出版社,2013.

[9]　戴尔·卡耐基.卡耐基说话的艺术[M].刘祐,译.北京:中国城市出版社,2007.

[10]　戴尔·卡耐基.淡定的女人[M].刘祐,译.天津:天津人民出版社,2014.

[11]　哈尔金斯.说话就是影响力[M].曾琳,刘露明,译.北京:中国人民大学出版社,
　　　2010.

📺 视频链接

1. 中国大学视频公开课《现代礼仪》第四课"生活礼仪"。http://open.163.com/movie/2011/10/L/T/M7GFJSVBV_M7HTM4VLT.html。

2. 国家精品在线开放课程《社交礼仪与艺术》第九章第一节"辩论的定义"。https://www.bilibili.com/video/av11449324/? p=44。

3. 国家精品在线开放课程《社交礼仪与艺术》第九章第二节"解析辩题与辩论方法"。https://www.bilibili.com/video/av11449324/? p=45。

4. 国家精品在线开放课程《社交礼仪与艺术》第九章第三节"辩论的要求"。https://www.bilibili.com/video/av11449324/? p=46。

5. 国家精品在线开放课程《社交礼仪与艺术》第九章第四节"辩论赛的评判标准"。https://www.bilibili.com/video/av11449324/? p=47。

6. 中国大学视频公开课《中国古代礼仪文明》第四课"处事以诚:诗礼传家　忠厚继世(1)"。http://open.163.com/movie/2013/2/V/R/M93PLQCMQ_M94JD6UVR.html。

7. 中国大学视频公开课《中国古代礼仪文明》第五课"处事以诚:诗礼传家　忠厚继世(2)"。http://open.163.com/movie/2013/2/6/A/M93PLQCMQ_M9552UM6A.html。

8. 中国大学视频公开课《中国古代礼仪文明》第六课"处事以诚:三加弥尊　加

有成也（1）"。http://open.163.com/movie/2013/2/D/V/M93PLQCMQ_M95542JDV.html。

9. 中国大学视频公开课《中国古代礼仪文明》第七课"处事以诚：三加弥尊　加有成也（2）"。http://open.163.com/movie/2013/2/3/M/M93PLQCMQ_M95549Q3M.html。

第二节　亲子言谈礼仪

案例导入

1942 年 8 月，老舍先生写过一篇题为《艺术与木匠》的文章，其中有这么一段："我有三个小孩，除非他们自己愿意，而且极肯努力，做文艺写家，我绝不鼓励他们，因为我看他们做木匠、瓦匠或做写家，是同样有意义的，没有高低贵贱之别。"

老舍先生在给妻子的一封信里谈到对孩子们的希望时写道："我想，他们不必非入大学不可。我愿自己的儿女能以血汗挣饭吃。一个诚实的车夫或工人一定强于一个贪官污吏，你说是不是？"

老舍先生特别珍视儿童的天真，认为这是天下最可贵的，万万不可扼杀。他主张儿童"宜多玩耍"，最害怕看见"小大人""小老头""少年老成"。

老舍先生说："摩登夫妇，教三四岁孩子识字，客来则表演一番，是以儿童为玩物，而忘了儿童的身心教育甚慢，不可助长也。"

老舍先生提倡对待儿童必须有平等的态度，主张尊重儿童，像对待好朋友一样。在这方面，他是身体力行的。他爱给儿童写信，在信中常用幽默的话开玩笑，甚至悄悄地向儿童宣布自己的写作计划。《四世同堂》第三部的写作大纲便是在给冰心的大女儿——一个中学生——的信中首次披露的。（引自李荣建《礼仪训练》）

一、亲子言谈的艺术

亲子言谈有不少好的方法，体现言谈的艺术，以下择要论述。

（一）学会倾听

有人曾说："要想让孩子听话，大人先要学习如何听话。"在与孩子交谈时，父母或家长应学会倾听、善于倾听，避免成见或者先入为主。

父母或家长与孩子之间少不了谈心。谈心是人与人之间以坦诚的态度抒发情怀、交流心得、表达主张的一种交流方式。要想收到良好的效果，谈心之前首先要有所准备。这是因为，谈心往往针对一定的心理、思想的分歧而进行，要想取得成功，必须有所准备，找到打开对方心扉的"钥匙"。其次，谈心要平等对待。无论是上级对下级，还是家长对孩子、老师对学生，都应采取平等的态度。最后，谈心要以诚相待，以心交心，做到心灵沟通。长辈与孩子的言谈多是为了了解孩子的情况，或者让孩子更容易接受自己的看法或建议等，这就需要长辈把孩子摆在与自己平等的地位，作风民主，多用商量的口吻，而且在言谈之前往往需要先倾听孩子的想法。

有这样一个广为流传的故事：

一天，爸爸下班回到家已经很晚了，他很累也有点儿烦。他发现5岁的儿子靠在门旁正等着他。

"爸，我可以问您一个问题吗？"

"什么问题？""爸，您一小时可以赚多少钱？""这与你无关。你为什么问这个问题？"父亲生气地说。

"我只是想知道，请告诉我，您一小时赚多少钱？"小孩儿哀求道。"假如你一定要知道的话，我一小时赚20美金。"

"哦，"小孩儿低下了头，接着又说，"爸，可以借我10美金吗？"父亲发怒了："如果你只是要借钱去买毫无意义的玩具的话，给我回到你的房间睡觉去。好好想想为什么你会那么自私。我每天辛苦工作，没时间和你玩儿小孩子的游戏。"

小孩儿默默地回到自己的房间关上门。

父亲坐下来还在生气。后来，他平静下来了。心想：可能对孩子太凶了——或许孩子真的很想买什么东西。再说他平时很少要过钱。

父亲走进孩子的房间："你睡了吗？""爸，还没有，我还醒着。"孩子回答。

"我刚才可能对你太凶了，"父亲说，"我不应该发那么大的火——这是你要的10美金。""爸，谢谢您！"孩子高兴地从枕头下拿出一些弄皱的钞票，慢慢地数着。

"为什么你已经有钱了还要？"父亲不解地问。

"因为原来不够，但现在凑够了。"孩子回答，"爸，我现在有20

美金了，我可以向您买一个小时的时间吗？明天请早一点儿回家——我想和您一起吃晚餐。"

从此例可看出刚开始缺乏倾听和后来主动倾听的差别。如果没有主动倾听，父亲将失去很重要的信息——孩子需要他！

在倾听孩子说话时，还须注意以下几点。

（1）不急于做出评价。即使孩子的看法与大人不同，也要允许孩子有自己的想法。父母应考虑到孩子的理解能力，举出适当的事例来支持自己的观点，并详细地分析双方的意见。当孩子说话时，不要打断他的话。事先想好要说什么，并考虑到孩子的情感，这样就可能说得更清楚一些。怎么说比说什么更重要，所以要保持一种友好、尊重的态度，而不要像上级对下级那样对孩子说话。父母不压制孩子的思想，尊重孩子的感受，孩子自然会敬重父母。

（2）领会孩子的语意。以婴幼儿为例，他们在不开心、不满意时，就会直接用啼哭来表示。逐渐长大后，孩子知道哭不能解决所有的问题，因此当他们不快乐、有疑虑时，往往将自己的感情隐藏起来。这有时还与孩子的语言能力尚未发展完善，不能用恰当的语句表达心中想法有关。比如，当孩子生病时，他可能会对妈妈说："妈妈，我最恨医生。"此时妈妈可顺着孩子问："他做了什么事让你恨他？"孩子若说类似于这样的话："他总是要给人打针，要人吃苦药水。"妈妈则可以表示理解地回答："因为要吃药打针，你觉得很不好受，对吗？"这样，孩子的紧张心理会得到缓解。

（3）理解孩子的感受。无论孩子向父母报喜还是诉苦，父母最好暂停手边的工作，静心倾听。若边工作边听，也要及时做出反应，表达自己的想法或感受。倘若只是敷衍了事，孩子得不到积极的回应，日后也就不愿意再与大人交流和分享了。在某地举行的亲子沟通培训课上，培训老师让各个小组表演小品，内容是父母和孩子互换角色展示日常沟通。学员们演得惟妙惟肖，那种家长作风、呵斥孩子的语调和言辞令大家捧腹大笑，可是有的扮演孩子的父母却控制不住情绪哭了起来，因为他们以前从来没有体会过孩子的感受。家长们在培训结束后表示，回去以后会更理解孩子，不再数落孩子；孩子做得不对的时候，会耐心地告诉他应该怎么做。

（4）了解孩子的情绪。有时孩子不清楚自己的情感反应，倘若大人能够表示出理解和接纳，孩子往往会有进一步的正确认识。譬如，当孩子知道奶奶买了玩具送给小表妹做生日礼物的时候，吵着也要，此时大人应解释道："你感到不公平，但要知道，这是给妹妹的生日礼物，你生日时奶奶也会给你礼物的"。这番对话能帮助孩子了解自己、理解他人，从而变得通情达理。

下面的情境可能是常有的：妈妈一边炒菜一边煮饭时，孩子在一旁想跟妈妈说些什么，妈妈有时漫不经心地听着，有时还会打断他，还要他帮忙摆桌子吃饭，妈妈从未停下来专心"听"孩子想说什么，除非孩子说的话是妈妈认为重大的消息。此时父母不一定要停下手中的活儿，但可以给孩子一个"确定"的时间，比如："等我把饭菜摆好再说，好吗？"或"再给我 10 分钟，好吗？"当然，此时最好是立即去"听"孩子要说什么。如果父母一次又一次地忽略了孩子，他们便会慢慢地失去向父母倾诉的兴趣。而且父母在"听"时，最好和孩子有目光接触，让孩子知道父母是真的愿意听他们说话。事实上，很多时候孩子想说的是父母觉得不太要紧的事，但对孩子而言却可能是天大的事。如果父母一直以来都不拒绝孩子的倾诉，愿意倾听，那么当孩子遇到困难时，就会很主动地来找父母谈心了。

此外，要注意身体语言的使用，比如目光的接触、手拍一下孩子的肩膀、蹲下身来、将上身略为前倾地听孩子讲话。这些看似细微的动作，都能鼓励孩子表达自己的想法。

（二）态度平和，讲究方式

长幼之间的谈话是双方的事，处于长辈地位的一方不能信口开河，随意批评指责晚辈。请看下面一段对话：

父：你怎么老是边做功课边打游戏，一心能两用吗？

子：我只有两次是这样。

父：才两次？上星期有几次？

子：上星期我确实没有这样做。

父：说谎！我看你是说谎说习惯了！

子：你别冤枉人！

应该说，父亲的出发点是好的，但他不善于说服。使用"老是"，开篇就带有不满的情绪，没做好调查，导致儿子的不满。这类交谈的效果不大好，有可能使长辈的威望下降。

孩子做家务闯了祸，不要多指责，而要多引导。有个孩子抢着把一大碗鸡汤端到桌上，可汤碗又滑又烫，一不小心，"咣当"一下，连汤带碗摔到了地上。这时，大人应知道孩子心里肯定很不安，就不应指责，而应关心地问："脚烫着了吗？没烫着就好。像这样热的汤碗，以后要用抹布垫着端，不滑腻，也不烫手。"此时孩子的心情平静下来，还懂得了做家务的方法。由此看来，父母的态度与说话方式很重要。方式方法正确，可收到良好的教育效果；反之，则可能导致长幼沟通不畅甚至关系紧张。

亲子言谈有一些好的方式，邵天声《〈演讲与口才〉文章荟萃》中概括为"明"话"暗"说、"硬"话"软"说和"急"话"缓"说三种。

（1）"明"话"暗"说。有些父母说话采取"明说"的方式，即直来直往，可有时客观效果却不甚理想。例如，父母见子女不爱干家务，就直接下命令说："今天下午带点菜回来！""陈醋没有了，买一瓶去！"吃完饭后又对子女说："把碗刷一刷。"试想，这些话父母该说不该说呢？就日常生活来说是应该说的，只是，还可以讲究方式方法，注意说话的态度和语气，例如："晚上没菜吃了，看来下班后得买点了。""陈醋没了，谁买一瓶去？""今天太累了，碗只好待会儿刷了。"这样的话语并不是直接下命令，也许一时还没有人响应，但它会启发子女思考，学着自觉，明确自己在家中所应承担的家务。也许以后不等父母说话，他们就会把该做的事情做了。这是"明"话"暗"说的好处。对于子女个人的私事，父母谈及这些事情的时候，更需要注意采取"明"话"暗"说的方式。父母的谈话不仅要达到一时的效果，而且要考虑长远，这就不能不注意"明"话"暗"说的艺术。一个上初中的女孩有一段时间因为十分热衷于打扮而耽误了学习。她的父亲看在眼里、记在心里，本想当面和她好好谈谈，但又觉得很多话直接说出来不太妥当，于是便给她写了一张纸条："外表美只能取悦于他人一时，内在美才能经久不衰。一味地追求外表美而放弃学习的人，美丽将离她越来越远。孩子，内外兼修，'内'字打头。"父亲私下对孩子进行善意的批评，也采用了"明"话"暗"说的方式，既保护了孩子的自尊心，又能让她明白内在美更为重要。

（2）"硬"话"软"说。人有喜怒哀乐，情绪一旦形成，常常难以控制。身为父母，对子女更容易赤裸裸地把自己的感情暴露在外，在怒不可遏时说出许多越格的话来。这样做是不对的，谩骂不是教育，而是落井下石。子女即使做出了越轨的行为，只要还没有达到违法犯罪、危害社会的地步，就要像医生同病人那样坦诚地交谈，使其思想得到真正的转变。当父母说了不该说的话，或者说了不符合实际的话，要有自我批评的勇气，用婉转的方式做出表示："上次我一气之下把话说重了，事情还没有那么严重。""当长辈的不该骂人，上次那样说你不对。今天我们再好好谈谈吧。"长辈以这样的姿态说话，不仅不会使晚辈感到长辈软弱，还会使晚辈感受到长辈出于诚心，是讲道理的，是可信赖和可沟通的。这是"硬"话"软"说的效果。

（3）"急"话"缓"说。长幼之间争吵时，好的说话方式是在火气过了以后再说。如果母亲同儿子发生了争吵，做父亲的帮任何一方说话都无异于火上浇油。在这种情况下，父子之间的谈话可缓上几天，待儿子的火气平息以后，再站在公正的立场说话："你妈发火不对，你那样顶嘴也不好，当晚辈更要好话好说嘛。"这样的规劝，比当场评定是非有效得多，也让晚辈易于接受。这说的是规劝或批评的时间要缓。此外，必须当场说的，语气也要缓。做父母的如果仗着自己是长辈，由着自己的性子，张口就说"出去！""闭嘴！"，这样的压服办法显然是缺乏谈话艺术的。这样的场合，如果让子女离开，可以说："出去走走，消消气再说。"如果想把争吵停下来，可以说："气头上都少说几句！"这样的谈话有助于缓和气氛，防止激化矛盾。不明智的长者，常以为急话、命令式的话有气势、有威严、有效力，殊不知这类话只能使子女感到压抑，产生反抗情绪，一时、几次或许忍受了，但如果长此以往，一定会激起不满情绪，甚至还可能导致对抗的发生。

如果父母和孩子都能尊重彼此的意见，都不提高嗓门，那么他们就有可能避免将讨论变为争辩，这样讨论的过程将是友好的，而非不愉快的。要回避那些无论是父母还是孩子都不能够平静讨论的话题，当预兆出现时，要灵活、机警地应变，并尽快改变当前的话题。这也是谈话态度与方式方法问题。

俄罗斯有一句民谚："语言不是蜜，却可以粘住一切东西。"这句话很有道理。

有一个孩子不愿去上学，妈妈搂过孩子，给他讲起了故事。"一天晚上，小非非坐在庭院，看见皓月当空。他就想：月亮上有黑黑的影子，是树吗？树下真的有小白兔吗？真有嫦娥阿姨在跳舞吗？……看啊，想啊，入迷了。晚上他做梦，梦见自己真的坐宇宙飞船到月球上去了，黑黑的影子那是山，亮亮的地方那是没有水的'海'，小非非觉得自己的身体轻飘飘的，跳得可高了，跑得可快了……"妈妈怀里的孩子听得入了迷，忙问妈妈："妈妈，为什么小非非在月球上，会感到自己轻飘飘的呢？为什么会比在地球上跳得高、跑得快呢？"妈妈笑着说："这些道理都在书上写着呢，只要我们能认识字，自己就可以看明白了。这些小知识，学校里的老师也都会给同学们讲的；因为你不愿意上学，不认识字，所以你不会自己读书。你要是不去上学呀，老师讲的许多有趣儿的道理，你就都不知道了……"没等妈妈说完，孩子就急着喊起来："妈妈，妈妈，我要上学，我要认字，我要知道好多道理。等我长大了，也到月球去旅游。"给孩子讲他爱听的故事，妈妈温和、亲切的讲述与开导一下子激起了孩子的求知欲。

（三）肯定孩子

肯定孩子可以从欣赏孩子的说话开始。如果父母真正欣赏孩子的谈话，孩子就会喜欢和父母说话。有人说，儿童的欢乐建立在对他们真诚的兴趣以及对他们生活的反应上。当父母跟孩子谈话时，父母的态度应是友好、高兴和愉快的，而不是批评、抱怨或悲观的。例如，看到孩子倒多了番茄酱，弄得满桌子都是，此时父母最好忽略孩子这个行为带来的不好的一面，只强调好的一面："哦，宝贝会自己抹番茄酱了，真能干！下次我们会抹得更好，不会把番茄酱弄到桌子上。"父母不要用责备的语气，而要用温柔、建议的语气说话。又如，在孩子征求父母意见时，父母可以这样说："不然，你说说看……""妈妈很想听听你的想法。"这样沟通的氛围比较好，孩子也更愿意说出自己的心事。另外，父母和孩子的言谈还可以是幽默的，跟孩子开开玩笑，甚至孩子也会和父母开开玩笑。

美国作家海明威的儿子在回忆录《爸爸教我写作》中写道："有一天早晨爸爸说：'你自己写一篇短篇小说，不要期望写得很好。'我坐在桌子边，冥思苦想。用爸爸的打字机，慢慢地打出一篇故事，交给爸爸。爸爸戴上眼镜，给自己倒了一杯酒，读了起来；我在一旁等着。他读完之后，抬头看了我一眼。'非常好，吉格。比我在你这个年龄的时候写得好多了。我看要改的就是这个地方。'他指着稿子说：'应把"突然之间"改成"突然"，用字越少越好，这可以保持动作的持续性。'爸爸笑了起来：'你可以得奖了，孩子，你很有想象力。'他相信家里又出了个优胜者，可以在学校短篇小说比赛中得头奖。这是父亲对儿子的赞赏和鼓励。"

（四）主动分享自己的感受

和孩子相处时，父母可以讲讲自己白天工作的事，跟孩子主动分享自己的感受。正如有些家长抱怨的那样，很想知道上幼儿园的孩子一天都是怎么过的，但越追着问，孩子越不爱讲。此时父母可以"反其道而行之"：先把自己一天的工作和生活讲给孩子听，慢慢地孩子也会试着讲自己的经历和想法。当然，这需要慢慢培养，不能打压孩子刚培养出的倾诉愿望。家长通过讲述工作经历，还能把一些为人处事的道理、各种职业的特征潜移默化地教给孩子，从而帮助孩子构建自己的职业理想。也许孩子并不真正懂父母说的内容，但重要的是父母在和孩子沟通，在建立亲密的长幼关系。实际上，孩子对父母的工作、生活往往也很好奇，父母讲述自己的工作情况还可以满足孩子的好奇心和求知欲。面对孩子的提问，父母的语言应力求具体和明确，不要一般化或含糊不清。小孩子多运用直觉思维，他们对图画的理解比对抽象概念要容易一些。因此，跟孩子解释某些抽象事物时，可多运用能够感知的语言来表述，以引出孩子的经验。比如，把"死"这一抽象概念和孩子已有的直接体验联系起来，可以这样对孩子说："正像你的小狗死了，不能动了。"同样，要经常运用形象语言，激发孩子的想象力。比如向孩子解释"孤独"，可以这样说："一个男孩感到孤独，像一个足球躺在球场上。"

当然，父母不需要把心中的担心向孩子表明，以免增加孩子的担忧；但有时不妨主动与孩子分享自己的心情、感受和对事情的看法，孩子当然也就比较容易向父母诉说自己的想法了。

此外，父母或家长还可以多给孩子讲故事，培养亲子关系。在故事讲述中拉近彼此的距离，寓教于乐，让孩子获得快乐的同时受到启发，提高语言表达能力。故事的篇目无穷无尽，但经典的、大家耳熟能详的故事是可以列举的，以儿童故事为例，《两只笨狗熊》《猴儿吃西瓜》《掉进酒桶里的老鼠》《没有牙齿的大老虎》《会打喷嚏的帽子》《谦虚过度》《苏和的白马》《猜猜我有多爱你》《逃家小兔》《我想吃一个小孩》《小熊不刷牙》《大卫，不可以》《我妈妈》《爱心树》《小王子》《卖火柴的小女孩》《阿拉丁神灯》《是谁嗯嗯在我的头上》等都是趣味性强、饱含哲理或教育意义的好故事。例如，在讲述《是谁嗯嗯在我的头上》时，孩子和父母都可以从中找到乐趣。故事中的小动物们一直在重复相同的对话，图画能很好地提示谁要说话、说什么，此时父母在讲述几种动物的对白后，停下来让孩子主动和父母一起来讲述，而且尽量让孩子多开口说话，父母暂时退出，不失为一种较好的亲子言谈形式。

二、几类不当的言谈形式

父母是子女的第一任老师，父母的言谈不仅直接影响孩子的语言，而且必然影响孩子的心灵。父母的语言需要纯洁，应防止语言污染。邵天声《〈演讲与口才〉文章荟萃》中提到父母的语言应做到"八戒"，现引用于此，并做适当阐述。

一戒脏。有的父母张口闭口污言秽语；还有的父母在孩子面前吵架，当着孩子面逗骂等，这些都应避免。有这样一个母亲，举着笤帚一边追着儿子，一边恶狠狠地骂道："死崽子，你不上学，看我打死你！""不好好念书，等着掏大粪，出苦力去吧！"孩子挨打后，擦抹眼泪上学去了；可是他心绪不宁，根本没有心思听课。应该说，这个母亲有"恨铁不成钢"的好意，但教育的方式不当。由此看来，缺乏学识修养与方法的父母只会训斥甚至责骂孩子，而不能使孩子心悦诚服。

二戒吓。当孩子哭闹或不睡觉时，有的父母信口胡说"再哭老虎来了""大夫来给打针了""狼来了"之类。当孩子不听话或惹了祸时，就恫吓说："我打死你，我剁掉你的爪子，踢断你的腿！"更有甚者说："你要考不上大学，我就不认你这个儿子！"……这些使孩子胆怯或者反感的话，应避免使用。

三戒宠。有些父母爱子心切，由爱护变成溺爱，对孩子讲"心肝儿""命根子""眼珠子"之类的话。有时孩子耍泼，要什么时，父母讲："好，爸妈这就给你拿。""好，爸妈这就给你换。"甚至被孩子骂了，父母还笑；被孩子打了，父母还说"好"。这些容易造成孩子放荡不羁性格的语言，也应当避免。

四戒骗。有些言行不一的父母，言不信、行不果，说了不做，许愿不还。如"听妈妈话，明天给你做好吃的""给你买漂亮衣裳""好好念书，考好了给你钱""买块表""放假领你去××"等。一次一次食言，久而久之，孩子不信了，父母的话比没说效果还坏。这些诱惑孩子的谎话，也应当避免。

五戒损。有教育家说："讽刺就好像一堵墙，在父母和孩子之间形成一种无形的障碍，造成了父母和孩子的对抗。"有些性格急躁的父母，动辄贬损孩子，或者拿别的孩子来贬损自己的孩子。如"你这个笨蛋！""一点出息也没有。""活着干什么，还不如死了！"等。孩子耳濡目染，身心肯定会受到伤害。这些有损孩子自尊心的话，也应当避免。

六戒气。有些缺乏修养的父母，心一不顺就无端地株连孩子，拿孩子撒气。在家没好脸，说话没好气，孩子不敢接近，又躲避不了。如"去，去，去！滚一边去！""不要说话，给我装哑巴！"等。孩子有时询问父母，父母也没好气地说："不知道，别问我！""老问啥，没完没了的，别问了！"这些使孩子横遭冷落的气话，也不应使用。

七戒辱。有的不理解孩子心理的父母，当发现孩子有什么"不端"时，则认为大逆不道，不是冷静地把情况弄清楚，而是凭主观臆断，说"你这不要脸的小畜生""小流氓"等。有的稍文雅的父母也有旁敲侧击、指桑骂槐的现象。这些污辱孩子、伤害孩子心理的话，也不应使用。

八戒令。有些父母在孩子面前要家威，没有一点民主空气。有的家长对孩子一味地限制，这也不行，那也不行。例如有的父母对刚刚念小学的孩子下禁令说："放学后不许与同学玩！不许到同学家里去！不许把同学带到家里来！""你每天除了学习，别的什么也不许干！"

有这样一个案例：薇薇的外婆邱女士属于不会与外孙女沟通的典型。一天晚上，外婆在看电视，薇薇从书房出来，吵着要看少儿频道的节目。可邱女士一心惦记着晚饭时外孙女没喝完的那碗粥，于是趁机说："要看也行，但必须把你剩的那碗粥喝掉。"薇薇听了很生气，带着哭腔吼起来："你又和我讲条件。人家又不饿，干吗非要喝粥呀？"邱女士也提高了嗓门："不管你饿不饿，反正你不把粥喝完，就别想看电视！"薇薇气哭了，跑回书房，而外婆最终也没让步。其实，邱女士完全是好意，她的想法很简单，小孩子的正餐必须吃完，多吃才能健康、长得好，但是她却不管孩子的肚子能否装得下。薇薇不肯喝粥其实情有可原，因为晚饭前她刚喝了一碗牛奶，吃了一些点心，晚饭肯定会吃得少些。邱女士凡事都爱跟薇薇讲条件，不是不穿上外套就不准出去和小朋友玩，就是不把书本整理好就别想玩，甚至不把早点吃完就不许上学。渐渐地，薇薇越来越烦外婆的"讲条件"，而邱女士这种带着威胁的命令效果越来越差，两人的关系也越来越僵。

父母鼓励性、启发性和引导性的语言，会使孩子产生愉快的心理状态，能调动孩子学习和生活的积极性；批评性的语言，尤其是讽刺、挖苦、污辱孩子人格的语言，会损伤孩子的自尊心，使孩子产生逆反心理，减弱他们对学习和生活的热情。自卑是孩子存在的一种常见心理障碍，有的孩子形成了胆小、敏感、不自信的性格，其中一部分原因可能源于父母的心理暴力。心理暴力，即软暴力，是指用言语、表情、态度等对他人的内心造成伤害的行为。对孩子的语言暴力，不仅仅是指大声的谩骂，对孩子使用诋毁、蔑视、嘲笑等侮辱歧视性的语言，甚至恶意地拒绝与孩子说话，都可以认为是语言暴力，会使孩子在精神上和心理上遭到侵犯和损害。家长对孩子使用语言暴力，很大程度上是基于双方的不平等关系，也就是家长认为，"我是你的爸爸（妈妈），你就得听我的!"这种心理暴力应避免。

下面是父母对孩子的不文明言谈，其中多数以"你"开头，针对性十分明显。

一是批评、指责类，例如："你做事从来不用脑子!""你真是一只懒猪!""你是我见过最自私的小孩!""你是笨蛋吗？否则怎么会听不懂我的话!""怎么那么笨!""你怎么这么笨，这么简单的问题都不会。""做题怎么不动动脑子!?"

二是嘲笑、羞辱类，例如："你是个被宠坏的坏孩子!""你以为你是谁啊?!""你好丢脸喔，考这么差的成绩!"

三是分析、诊断类，例如："我没有时间陪你玩，有玩的时间你不如去多看一会儿书。""你是故意惹我生气的。""你是跟屁虫，我走到哪儿就跟到哪儿，烦人!"。

四是训诫、训斥类，例如："你再不听话就不要你了，让外人把你领走算了!""这个小孩怎么这么烦人?!""别问了！你记住就好了，都被你问烦了!""好孩子都不会这样做!"

一个优秀的教育者，应该善于控制自己的情绪和行为。对于孩子而言，家长怎么说比说什么更重要。孩子也有自己的内心世界和情感世界，家长的一言一行乃至一个表情，都会对孩子的性格塑造产生潜移默化的影响。因此，家长在批评教育孩子的时候，要把自己的语言、行为好好反思，将心比心、换位思考，始终用自己的心与孩子保持诚挚的沟通，这样才能达到家庭教育的本来目的，才能维系良好的亲子关系。

三、案例分析

案例一

　　有一个 17 岁的读高二的男孩，与同班一个女孩相恋了。男孩的父亲与儿子进行了一场朋友式的谈心。

　　父：儿子，你是不是觉得她是最好的女孩？

　　子：我觉得我认识的女孩里她最可爱，也最善良。

　　父：爸爸相信你的眼光。但是，你才上高二，你认识的女孩有多少？

　　子：……

　　父：你说你要上大学，将来还要出国深造，想成为一名律师或金融家。你知道你将来会遇到多少好女孩？爸爸并不反对你现在谈女朋友，但是，爸爸最反感的是见异思迁。这女朋友是你到目前为止认识的最好的女孩，可是，你将来会有更多的机会，到那时你该怎么办？

　　子：可是，现在让我离开她，我会很痛苦。

　　父：你初三时买的照相机呢？

　　子：前两天，妈妈给我买了个高级的，我觉得效果比原来那个好，就把那个扔箱子里了。

　　父：这就叫一山更比一山高。你如果把握好每一个属于你的机会，你以后的成就只会比今天大，你面对的世界只会比今天更宽阔，到时候你的选择只会比今天更好、更适合你。如果你与这女孩真有那份情缘，到时候让它开花结果多好。儿子，一个人一生不可能不做些让自己后悔的事，但是，人生大事只有几件，后悔了，就遗憾终生。

　　子：爸爸，我懂了……（引自人民教育出版社中学语文室《听话和说话》）

请从谈心的角度分析案例中父亲与儿子的言谈艺术体现在哪些方面。

案例二

今天是小星爷爷奶奶的金婚纪念日，小星跟着父母一起去给爷爷奶奶贺喜。到了爷爷家之后，小星看到家里的亲戚全来了，甚至有些远房亲戚也赶了过来。他觉得有些人非常面生，不知道该怎么称呼他们，只能尴尬地笑笑。看到家里的大人们都在厨房忙活着，小星觉得自己也插不上手。他匆忙和爷爷奶奶打了个招呼之后，就跑去和自己的兄弟姐妹一起聊天、看电视。有个小表弟一直霸占电视看动画片，小星想转台看几分钟新闻，小表弟怎么也不肯。两人便争执起来，闹得不可开交。小星的爸爸赶过来当着众人的面狠狠斥责小星不让着弟弟，而小星的妈妈却认为爸爸不该当着这么多客人骂小星，明明错误不止在小星一个人，就在一旁咕哝了几句。这恰好让小表弟的妈妈听见了，她立刻变了脸，伸手给了自己儿子一巴掌，小表弟立刻大哭起来。小星奶奶看到之后就马上过来安慰小表弟，说："孩子不哭不哭，想要什么跟奶奶说。"（引自何春晖《知书达礼——交往与礼仪》）

案例中小星的爸爸、妈妈、奶奶和小表弟的妈妈的言行是否都恰当？为什么？

案例三

一女士出国进行学术访问，周末受邀到当地一位教授家中做客。这名女士进门寒暄之后，就看到了教授5岁的小女儿。女孩满头金发，长得漂亮极了。女士立刻蹲下来跟小女孩沟通，还送给她一份中国礼物；小女孩很有礼貌地微笑道谢。这时女士情不自禁地抚摸着小女孩的头发说："你长得真漂亮，真是可爱极了。大家肯定都喜欢你！"

不料，教授夫妇听到女士对孩子的赞美后并没有表示感谢，也没有做出任何回应，这让女士很惊讶。等女儿离开之后，教授一本正经地对这个女士说："你刚刚伤害了我的女儿，你必须向她道歉。"女士瞠目结舌，惊得不知道该说什么。

教授于是向她解释："你刚才夸她漂亮，还说别人因为漂亮才喜欢她，这是不对的。长得漂亮并不是她的功劳，这取决于我和她父亲的遗传基因，与她个人没有什么关系，可你却对此大加夸赞。孩子还这么小，她分辨不出你的称赞是寒暄还是真诚的，所以她就会认为漂亮是她的优势。而且她一旦认为天生的美丽是值得骄傲的资本，她就会看不起长相平平甚至丑陋的孩子，就会进入误区。此外，你还未经她的允许就抚摸她的头，这会使她认为每个陌生人都可以不经同意就抚摸她的身体，这是一种不良引导。"

听到教授一口气说了这么多，女士更加惶恐不安，但教授接着说："不过你也不要这样沮丧，你还有机会可以弥补。有一点，你是可以夸奖她的，那就是她的微笑和有礼貌，这是她自己努力的结果。"
（引自蔡少惠《话要这么说——练好口才的第一课》）

此例对于父母或长辈使用赞美语有哪些启示？请予以分析。

延伸阅读

[1] 侯希平.口才魅力:不一样的说话技巧[M].北京:北京工业大学出版社,2013.

[2] 姚兴.说话滴水不漏　做人无懈可击[M].北京:北京工业大学出版社,2011.

[3] 孙郡锴.听话是水平　说话是艺术[M].北京:中国华侨出版社,2010.

[4] 孙路弘.说话的力量[M].杭州:浙江人民出版社,2013.

[5] 张超.别输在说话上:受用一生的口才全攻略[M].北京:中国纺织出版社,2013.

[6] 高昌礼.家庭安,天下安[M].北京:世界知识出版社,2017.

[7] 大谷由里子.即兴说话术[M].何涛,译.北京:人民邮电出版社,2012.

视频链接

1. 中国大学视频公开课《中国古代礼仪文明》第八课"处事以诚：人伦之基　万世之始（1）"。http://open. 163. com/movie/2013/2/M/I/M93PLQCMQ_M96RMDUMI. html。

2. 中国大学视频公开课《中国古代礼仪文明》第九课"处事以诚：人伦之基　万世之始（2）"。http://open. 163. com/movie/2013/2/6/H/M93PLQCMQ _M96RMHE6H. html。

3. 中国大学视频公开课《中国古代礼仪文明》第十课"处事以诚：丧尽其礼　祭尽其诚（1）"。http://open. 163. com/movie/2013/2/9/4/M93PLQCMQ_M96RMIA94. html。

4. 中国大学视频公开课《中国古代礼仪文明》第十一课"处事以诚：丧尽其礼　祭尽其诚（2）"。http://open. 163. com/movie/2013/2/K/I/M93PLQCMQ_M96RMN4KI. html。

第三节　儿童言谈礼仪

案例导入

我终于说服了爸爸

小彼得就要过生日了。让爸爸买点什么礼物呢？他发现体育用品商店新进了一种高级游泳裤，高兴极了。他准备让父亲买下一条，但爸爸能同意吗？小彼得开动脑筋，向爸爸发起了攻势，决心要说服爸爸。

彼得：爸爸，体育用品商店新进来一种游泳裤，特别棒。穿上它，就像一个奥林匹克游泳运动员，真了不起。

父亲："特别棒"是什么意思？

彼得：就是"第一流"的意思，你也一起去看看吧。它们会使你喜欢的。

父亲：我想象得出来，裤边装饰着流苏，长达膝盖，鲜红色的……

彼得：爸爸，那种花里胡哨的东西，要是穿上那种游泳裤就不能游泳了。我说的是用一种很轻的化学纤维做成的尼龙游泳裤，像奥运会运动员穿的那种。听明白了吗？

父亲：噢。

彼得：这种游泳裤几乎没有重量，在水里没有阻力，穿着它游泳可快了。另外，它很容易晒干，游过泳在海滨浴场的沙地上一会儿就干了。它不是那种不中用的东西，而是货真价实的高级游泳裤。

父亲：相当贵吧？

彼得：我已经打听过了，和百蒙达牌短纤维游泳裤比起来不算贵。那种游泳裤每条18马克，而且只穿一个夏季就完了。相反，这种高级游泳裤只花22马克。有深蓝色和红色两种，左右两边各有三道白边。过生日，我想买蓝色的。行吗，爸爸？

父亲：好吧，明天我就去体育用品商店。（引自邵天声《〈演讲与

口才〉文章荟萃》，有删改）

一、几类恰当的儿童言谈形式

美国心理学家威廉·詹姆斯曾说："播下一个行动，收获一种习惯；播下一种习惯，收获一种性格；播下一种性格，收获一种命运。"这就是说，习惯决定命运。孩子从小懂礼貌、识礼仪，培养良好的生活习惯，学会必要的言谈礼仪，将会受益终生。以下阐述几类合乎礼仪的儿童言谈形式。

（一）和长辈打招呼

《弟子规》有言："称尊长，勿呼名；对尊长，勿见能。路遇长，疾趋揖；长无言，退恭立。"遇见长辈时，孩子应主动上前打招呼，体现言谈礼仪。

下面来看一个案例：幼儿园中班有一个活泼可爱的小女孩童童，嘴非常甜，幼儿园的老师都非常喜欢她。幼儿园的保安——一名60岁的老大爷，也特别喜欢她。幼儿园的大多数孩子，进园离园都是匆匆而过，唯独这个小女孩每次进门时总会甜甜地笑着打招呼："爷爷好！"放学时也总记得说："爷爷再见，明天见！"一个炎热的夏天，一天早上孩子们陆陆续续进园了，直到孩子们正式上课、校门关上那一刻，老大爷记得今天没人跟他打招呼。他心想：童童可能请假了。老大爷后来去打水，无意间瞥了一眼幼儿园的小黑板——这个幼儿园才6个班，每天老师们都会将各班请假的孩子名字写在小黑板上。可是4个请假孩子的名字中，唯独没有童童。走到童童所在的中（1）班，也没见童童的身影，老大爷感到莫名的不安。回到门口的保安亭，老大爷坐立不安。从保安亭的窗户向外望去，停在远处的是幼儿园的一辆黄色校车。想起来了，童童每天都会坐校车来幼儿园，难道……老大爷猛地从座位上站起来，打开校门后走到校车旁。他从门缝里望进去，不由得吓了一跳：里面确实有个小孩，已经倒在车厢的地板上。当老大爷狂奔回幼儿园叫来司机打开车门后，发现车内的孩子正是童童，她的汗水已经浸透了衣服。这时童童已经被关了3个小时。幸好由于抢救及时再加上早晨不是太炎热，童童很快就恢复了健康。

平常甜甜的一声招呼，竟然在紧要关头救了童童的性命。设想，要是其他小朋友被关在车里，可能案例中的老大爷并不会轻易觉察到。虽然这是个案，但注意用语文明、尊敬长辈的孩子的确会更受人关注和喜爱。

（二）在公共场所保持适当安静

儿童在公共场所应学会礼貌，保持适当安静，不能过于吵闹，以致影响到其他人。以进入图书馆学习为例，入馆前将手机调成振动或者静音状态，在看书过程中尽量不发出声音，一方面避免打扰他人，另一方面也能让自己享受阅读带来的宁静。图书馆的座位遵循"先到先坐"的原则，如果儿童想坐到别人旁边应小声询问该位置是否有人，不便说话时可用体态语（如目光语和手势语）表达自己的想法。以上都是儿童言谈礼仪的体现。

儿童在公共场所吵闹引发争议已并不鲜见。有这样一个事例：寒假了，一个同事的5岁儿子放假在家没人照顾，于是就带着一起上班。刚开始这个孩子很听话，每天在那里坐着看看手机玩玩游戏，无聊了就过来跟叔叔阿姨要零食吃。过了两天，孩子跟办公室的人熟了，开始不那么客气了。直接过去拿别人的东西，而且不询问意见，所以办公室里的物品经常被弄乱，而孩子的妈妈则只会叫孩子"不要闹"。孩子在办公室里玩游戏，还发出各种奇怪的声音，时常大声喊叫，让办公室的叔叔阿姨逐渐难以忍受。还有一个案例：66岁的冯先生和友人在餐厅吃饭，邻桌一个小女孩不断发出尖利的怪叫声，影响周边的顾客就餐，令冯先生难以忍受。于是，他向邻桌的男子劝道："管管你的小孩吧，公共场合这样怪叫，很不合适。"邻桌的两名年轻男子听到冯先生的话后，不仅不劝小女孩，反而拿起桌上的杯子、盘子向冯先生砸去。冯先生被砸中，嘴部顿时鲜血直流。盘子里的菜肴、杯子里的汁水也洒到他身上。两名男子还不解气，上前继续殴打冯先生。年事已高的冯先生被打得毫无还手之力，瘫倒在长椅上。最后两名打人男子被警方拘留。

有人说，孩子在公共场所吵闹是为了赢得注意或妥协。可是，孩子的吵闹打扰了他人。当孩子吵闹是为了得到某些满足时，如果家长不假思索甚至一味地给孩子想要的东西来安抚他们，那么在将来有可能会付出更大更多的代价；而如果家长立即打骂，也只会事倍功半，因为打骂并不能教会孩子在公共场所应有的礼仪。那么，对于孩子在公众场合的不礼貌行为，家长们应该怎样做呢？

首先，选择适合孩子的公共场所。孩子在比较小的时候，即使没有人逗他，他也可能发出一些声音，这是一种非意识控制的生理发育现象。这个时候家长不宜带孩子去图书馆一类比较安静的场所。

其次，了解孩子的需求。外出时不要忽视孩子的基本需求。仔细观察不难发现，很多孩子往往是通过哭闹乱叫等方式来表达自己的诉求，想引起大人的注意力，而家长必须在出门前做好相应的充分准备。孩子是一个好动的群体，即使家长做好了万全准备，有时候依然会出现各种意想不到的状况。当孩子已经出现哭闹、尖叫、乱跑乱跳等行为时，不要急着训斥或指责孩子，而是应该安抚他们的情绪，了解清楚他们的需求。

再次，出门前约定好规则。通常情况下，孩子的自制能力都比较弱，由于年龄小，对许多事情都是似懂非懂、半懂不懂；因此每次出门前，家长需要耐心地向孩子交代清楚注意事项。

最后，及时制止。很多孩子的不良行为都是无意识的，通常情况下家长可以在孩子出现某些行为后及时出声制止，告诉孩子这样做是不可以的，这样的行为不礼貌，会打扰到别人。如果孩子还是没有停止当下的行为，可以考虑将孩子带离现场，并告诉孩子离开的原因。有些家长会以孩子还小为由纵容孩子，当孩子在公共场合过于喧闹时，选择视而不见、任其发展，这样做是不当的，孩子正确的是非观需要从小建立。有时候孩子大喊大叫是为了表达兴奋或者不耐烦，那么父母就要做好正确引导，让孩子明白靠提高声音并不能得到自己想要的东西，要学会分清场合，在一些特殊的场所要保持安静。经过教育和提醒，孩子会逐渐学会恰当、合适地表达，这个过程就是孩子不断成长进步的过程。

（三）耐心倾听

"大人说话，小孩子不要插嘴！"这是父母与他人的聊天被孩子打断后，父母经常训斥孩子的话；但是这样的训斥有时并不会让孩子得到警告，反而更加急于表达，进而继续打断别人的谈话。很多时候孩子都会出现这种情况，但父母并没有在意。实际上，孩子做出这种行为的时候，并不知道是对还是错。父母应告诉孩子耐心地倾听，什么时候可以打断别人的谈话，什么时候不可以，并且学会礼貌地"打断一下"，而不是随意打断别人的谈话。

美国心理学家理察·卡尔森曾在《别为小事抓狂指南（父母篇）》一书中建议父母，如果碰到这种情况，要先心平气和地告诉孩子"打断别人的谈话是没有礼貌的行为"。但仅仅告诉孩子"这是没有礼貌的行为"是不能完全行得通的，父母还应该有自己的原则，不能一味地回应孩子的要求，否则这类事情可能会不断上演。谈话结束后，可以主动询问或者告诉孩子："你想要做什么，我现在可以来帮你。""以后先听听大人们的谈话你再说话，好吗？"这样有助于孩子在静默中尊重大人的谈话。

（四）心平气和地说话

有一个关于钉子的故事：一个男孩脾气很坏，经常说话伤人。他父亲给了他一袋钉子，并告诉他，每当他想发脾气的时候就钉一根钉子在后院的篱笆上。第一天，这个男孩钉了37根钉子。慢慢地，他每天钉下的钉子数量减少了。他发现，控制自己的脾气要比钉那些钉子容易一些。终于有一天，这个男孩再也不会失去耐性乱发脾气了。他告诉了父亲。父亲说，从现在开始，每当他能控制自己的脾气时，就拔出一根钉子。一天天过去了，男孩告诉父亲，自己终于把所有的钉子都拔出来了。父亲拉着他的手来到后院说："你做得很好，我的好孩子。但是看看篱笆上的洞，这些篱笆将永远不能恢复成从前那样。你生气时说的话将像这些钉子一样留下疤痕。如果你拿刀子捅别人一刀，不管你说了多少次对不起，那个伤口将永远存在。话语给人带来的伤痛就像真实的伤痛一样，令人无法承受。"这个故事告诉我们，言语虽然看不见摸不着，但如果不正确地使用，它也会像刀子或钉子一样给人带来伤害。

有人说，父母的心平气和是孩子成长中最大的养分。父母如果随着自己的情绪好坏来教育孩子，那么这个孩子在成长过程中一定无所依从，因为他不清楚自己到底想要什么，也不知道怎样去迎合父母的脾气。如果父母能够控制自己的情绪，充满理性地跟孩子交流和沟通，那么孩子一定可以养成心平气和的情绪，在这样的氛围中成长起来的孩子就相对容易理性地面对困难和挫折。

（五）宽容礼让

孔融是东汉末年著名的文学家，"建安七子"之一。据史书记载，孔融幼时不但非常聪明，还是一个注重兄弟之礼、互助友爱的典型。孔融让梨的故事家喻户晓。孔融4岁的时候，常常和哥哥一块吃梨。每次，孔融总是拿一个最小的。有一次，爸爸看见了，问道："你为什么总是拿小的而不拿大的呢？"孔融说："我是弟弟，年龄最小，应该吃小的。大的还是让给哥哥吃吧。"

孔融小小年纪就懂得兄弟姐妹相互礼让、团结友爱的道理，使全家人都感到惊喜。从此，这个故事流传千载，成为兄弟姐妹间宽容礼让的典范。如今，很多孩子都是独生子女，有的甚至"集万千宠爱于一身"，在家娇生惯养，成了家里的"小皇帝""小公主"。他们可能不擅长和别人分享，而有的缺乏教育经验的父母却只是一味地宠爱。在平常的生活中，父母应该教孩子学会分享，学会礼让，注意言谈礼仪。父母可以适时地给孩子讲一些小故事，给孩子做好示范作用。例如，有好吃的，与家人、朋友一起分享；其他小朋友来家里做客的时候，与他们一起分享自己的玩具；遇到争吵时学会宽容礼让，减少言语冲突。

（六）使用礼貌用语

有人说，一句"对不起！""谢谢你！"，胜过千万句甜言蜜语。有这样一则故事：2015年3月3日晚，在江苏卫视《最强大脑》节目中，日本小姑娘辻洼凛音一战成名，在排名世界第一的笹野健夫面前也毫不胆怯，依靠快于其他三名中日选手5倍的速度获得比赛的胜利。比赛的后半程完全成了辻洼凛音的个人秀，她可谓天赋异禀。到最后阶段，这个比赛完全要看她的表现。最令人动容的是，当她抢答第二个题目，因没有回答正确而被倒扣分时，她对搭档笹野健夫说："对不起！"

以辻洼凛音当晚的卓越表现，她无须说"对不起！"；以比赛的紧张节奏，她也无须道歉；以她对比赛的投入和专注，她更是无须专门说这三个字，但她说了，让人刮目相看。试想，每个孩子都能在此情景下真正用心地向人道歉，说一句"对不起！"吗？

儿童礼仪专家纪亚飞在《纪亚飞教孩子学礼仪》中讲述了这样一个故事：一次，纪老师在儿童礼仪课堂布置了一个小任务——"图说礼仪"，孩子们需要绘画和填色。在纪老师进行个别辅导时，一个孩子说："老师，我这里没有蓝色的画笔，可是我想要涂蓝色。"于是老师从其他桌上给他拿来了蓝色画笔，他接过后看着老师的眼睛诚恳地说："谢谢！"那一刻，纪老师的心有一种瞬间被洗涤的感觉，清澈明亮。老师不是没有听到过"谢谢！"，但这一次的"谢谢！"是孩子内心真正的感谢。有多少人在表达感谢时会真诚地看着对方说呢？又有多少次"谢谢！"不是一个程序化的语言，而是情感的诚恳表达呢？这个男孩子在对纪老师说"谢谢！"的时候，眼睛清澈动人地看着老师，直到"谢谢！"说完，方才低头绘画。孩子心中美好的情感让老师深受感动。

言为心声，礼由心生。简单地说，语言能折射一个人的内心，而言谈礼仪应是发自内心的。由此看来，学会一句简单的"对不起！"可能会影响孩子的一生，父母应该教会孩子讲好"对不起！""谢谢！"等礼貌用语，在与孩子相处中也应该带头多使用这类用语。

二、案例分析

案例一

飞机上坐后排的小孩一直踢前排的椅背，而且从上飞机开始就一直吵吵闹闹不肯停歇。起飞前每名乘客都要关闭手机，空姐提醒了多次，小孩依然拿着手机玩个不停，家长还说："没关系的，我们都开了飞行模式了，不会影响的。"

空姐解释说，很多手机的飞行模式效果并不稳定，机载设备很灵敏，怕有干扰。

那个家长竟然说："怎么？我用的是苹果手机，这么好的手机会不稳定？"空姐耐着性子再三沟通都没有用，最后机长亲自过来劝说，不关手机就不飞了。此时乘客的情绪也都激动起来。那个家长迫于众怒，才关掉了手机。

关掉手机以后，小孩就开始闹情绪，边哭边更加用力地踢前排的椅背。前排乘客实在受不了了，转过头去微笑着说："小朋友，能不能不踢阿姨的凳子了？"小孩倒是安稳了一会儿，他的家长却说："他只不过是个小孩子，你跟小孩子瞎计较什么？"（引自搜狐网 http://www.sohu.com/a/235551949_433022，有删改）

案例中小孩的家长言谈不当之处体现在哪里？请予以分析。

案例二

一天，陈刚的爸爸去幼儿园接他回家。刚走进幼儿园，他就看见陈刚正在一群小朋友中间指着一个小朋友厉声说道："你怎么这么笨！连这么简单的动作都不会，真不知道你妈是怎么把你养大的！"

那个孩子听完之后号啕大哭起来。不过，陈刚并没有停止谩骂："哭什么哭！没用的东西，有本事你和我打一架！"

看到儿子的言行举止，陈刚的爸爸不由得动怒了，走过去揪住陈刚的耳朵骂道："小兔崽子，谁他妈的教你说脏话了？"

谁知，陈刚并没有后退，反而更加大声地说："爸爸不讲道理！凭什么你能说，我就不能说？！你什么样，我就什么样！我不喜欢爸爸，爸爸是个废物！"

爸爸愣住了，他没想到自己在孩子的心里是这个样子，他更没想到孩子居然对他有这么大的敌意。（引自严穆《没有口德，就没有品德：最受欢迎的口才修养与说话技巧》，有删改）

案例中陈刚小朋友为什么会出现不讲礼仪的问题？这对父母有什么启示？

案例三

玲玲是一个聪明的女孩，平时爸爸妈妈对她的要求比较严格。每当她做错事情的时候，妈妈总是会严厉地批评她，然而妈妈对自己的一些坏习惯却不太在意。比如，妈妈非常喜欢在背后议论人，甚至人前阿谀逢迎，人后又数落人。时间久了，有很多朋友因为她的这个性格远离她，丈夫也在私下里和她提过这个问题；然而玲玲的妈妈却不以为意，没觉得这是一件不正常的事情。她认为，这就是朋友之间的闲聊，身边的人都太小题大做了。为了这件事情，玲玲的爸爸和妈妈没少吵架，爸爸觉得妈妈的行为会影响到对孩子的教育。而妈妈却认为，自己并没有做错什么，根本不会影响到孩子。有一次，妈妈带玲玲去朋友家串门，谈话间都聊到了自己的孩子。朋友的孩子乖巧聪明，玲玲妈妈心想："我们家玲玲也很棒，可不能在朋友面前失了面子。"于是，妈妈就逼着玲玲在朋友面前表演才艺。玲玲觉得有点别扭，表演的时候就不太自信，没有大胆地展示自己。玲玲的妈妈顿时觉得有些挂不住面子，用眼睛偷偷地瞪了玲玲一眼。这个小举动不小心被朋友的孩子看见了，于是她便笑话玲玲说："你胆子太小了，连你妈妈都瞪你了。"玲玲本来看见妈妈瞪了她一眼，就感到很委屈，这时被别的小朋友数落，心里更火了，大声地对妈妈的朋友家的孩子说："你的妈妈才会瞪眼呢！"朋友家的孩子也不甘示弱地说："我的妈妈是世界上最好看的，她才不会瞪眼呢。"玲玲一听恼火地喊道："你妈妈长得才难看，又丑又胖。"眼看两个小朋友你一句我一句吵得不可开交，玲玲的妈妈和朋友分别教育起自己的孩子。妈妈对玲玲说："小孩子怎么能这样呢？说人坏话是不对的，你要向阿姨道歉！"谁知玲玲马上反驳妈妈说："你也经常说别人坏话，你也说过阿姨又胖又丑呀。"气氛顿时变得很尴尬，随后玲玲的妈妈带着女儿仓皇而逃。（引自搜狐网 http://www.sohu.com/a/226184678_597527，有删改）

案例中玲玲的妈妈言行上有什么不当之处？对孩子有什么不良影响？

案例四

飞机上，大家都在休息或安静地做自己的事。突然，一个响亮的声音在客舱中响起："小姐，给我拿杯果汁！"声音中透着不耐烦，透露出缺乏教养。而这句话出自一个六七岁的小孩儿之口。这个孩子站在座位上，急切地向身边的乘务员一遍遍地说着这句话。乘务员脸上露着略微尴尬的表情，于是她前倾身体，对孩子说："阿姨知道你想喝果汁，但你应该称呼我什么呢？"这个孩子不耐烦地说："小姐啊，服务员不都是小姐吗？"这时，坐在他旁边的爸爸有点不好意思了，大声地责备道："得叫阿姨，什么小姐！"

孩子"哇"的一声哭了起来，说："我要喝果汁……"（引自纪亚飞《纪亚飞教孩子学礼仪》，有删改）

试分析案例中的孩子大哭的原因。如果你是这个孩子的父亲，你会怎样做？

📝 延伸阅读

[1]　学诚法师.好好听话[M].天津:天津人民出版社,2017.

[2]　王海霞,刘俊.社交礼仪读本[M].武汉:华中科技大学出版社,2015.

[3]　宏卿学.口才学[M].北京:中国戏剧出版社,2003.

[4]　云中天,熊春华.伶牙俐齿:说话的艺术[M].南昌:百花洲文艺出版社,2013.

[5]　李小安.为人处世的三种能力:做人　识人　善交际[M].北京:北京工业大学出版社,2008.

[6]　憨氏.把话说得滴水不漏[M].呼伦贝尔:内蒙古文化出版社,2005.

[7]　刘艳.说话的艺术[M].武汉:华中科技大学出版社,2016.

[8]　李途.一句话的力量[M].北京:中国华侨出版社,2016.

[9]　张卉妍.每天一堂口才课[M].北京:中国华侨出版社,2013.

[10]　刘勇.口气决定运气[M].长春:吉林文史出版社,2003.

[11]　宋犀堃.稳稳的幸福[M].北京:新华出版社,2016.

[12]　陈会春.心灵鸡汤大全集[M].延吉:延边大学出版社,2013.

[13]　李瀚洋.高质量生活的好习惯[M].北京:新世界出版社,2007.

［14］　马骏.抱怨的技巧［M］.北京:台海出版社,2013.

［15］　明理.北大口才课［M］.北京:北京联合出版公司,2015.

［16］　何春晖.知书达礼:交往与礼仪［M］.杭州:浙江科学技术出版社,2009.

📺 视频链接

1. 国家精品在线开放课程《社交礼仪与艺术》第十章第五节"餐桌礼仪"。https://www. bilibili. com/video/av11449324/? p＝57。

2. 国家精品在线开放课程《社交礼仪与艺术》第十章第六节"公共场所的礼仪"。https://www. bilibili. com/video/av11449324/? p＝58。

3. 中国大学视频公开课《中国古代礼仪文明》第一课"处事以诚:童蒙养正　培根固本（1）"。http://open. 163. com/movie/2013/2/D/P/M93PLQCMQ_M93PUUBDP. html。

4. 中国大学视频公开课《中国古代礼仪文明》第二课"处事以诚:童蒙养正　培根固本（2）"。http://open. 163. com/movie/2013/2/V/U/M93PLQCMQ_M94JD21VU. html。

5. 中国大学视频公开课《中国古代礼仪文明》第三课"处事以诚:童蒙养正　培根固本（3）"。http://open. 163. com/movie/2013/2/K/V/M93PLQCMQ_M94JD5AKV. html。

6. 中国大学视频公开课《中国古代礼仪文明》第十二课"处事以诚:观德之射　君子之争（1）"。http://open. 163. com/movie/2013/2/O/T/M93PLQCMQ_M97NHEIOT. html。

7. 中国大学视频公开课《中国古代礼仪文明》第十三课"处事以诚:观德之射　君子之争（2）"。http://open. 163. com/movie/2013/2/A/2/M93PLQCMQ_M97NHFIA2. html。

第 三 章

校园言谈礼仪

　　学校是教书育人、传递知识的场所，校园与礼仪密不可分，礼仪教育是学校德育、美育的重要内容。校园文明礼仪建设是传承中华民族文化、弘扬中华民族精神的重要举措，是创建文明校园的有效载体。校园言谈礼仪可简单地分为教师言谈礼仪和学生言谈礼仪两类。

　　教师被誉为"人类灵魂的工程师""辛勤耕耘的园丁"，教书育人，教授知识、传承文明，肩负着重大的责任和使命。"学为人师，行为世范"，教师应是学生学习的榜样与楷模，其为人师表不仅表现在课堂上，还表现在课堂外、生活中。教师重视礼仪（尤其是言谈礼仪）不仅有其客观必要性，还有其特殊的重要意义。

　　青少年学生是受教育的主体，是祖国的未来和希望，被誉为"早晨八九点钟的太阳"。学生在学习生活过程中逐步培养言谈礼仪，有助于提高文化素质和思想道德修养。

第一节　教师言谈礼仪

案例导入

　　一天，某校学生社团的负责同学找到指导老师，陈述自社团成立以来遇到的种种困难，比如纪律性不强、主动性不够、缺少训练、觉得自己在此岗位上发挥不了什么作用，因此想提出辞职。老师耐心地听完这名同学的陈述后，首先对他说："不管社团发展遇到多大的困难，我都会积极支持你的工作！"语气中充满肯定，这名学生默默地点了点头。老师接着说："我知道你平时为社团建设付出了很多，和刚成立时相比，现在社团已经取得了很大的进步，所以你和团队中的其他同学都是有成绩的。社团要进一步发展，会遇到新的更大的困难，我们正是在一次次克服困难中获得锻炼，不是吗？"这名学生信服地点了点头，对社团的发展似乎多了不少信心。这时老师继续说道："你是我们社团的骨干成员，是功臣，也是社团每一次成长进步的见证人。你对社团是有感情的啊！这时候正需要你和老师一道，把社团发展好，可不能临阵脱逃、撂担子啊！"这名学生略带惭愧地对老师说："老师，我明白了，我会鼓起勇气，和大家一起把社团办好的！"

　　《国家中长期教育改革和发展规划纲要（2010—2020年)》指出："教育大计，教师为本。有好的教师，才有好的教育。"《中共中央　国务院关于全面深化新时代教师队伍建设改革的意见》（2018年1月）再次强调："百年大计，教育为本；教育大计，教师为本。"

　　教师的礼仪历来备受重视。2011年，教育部、中国教科文卫体工会全国委员会印发了《高等学校教师职业道德规范》。该《规范》分为爱国守法、敬业爱生、教书育人、严谨治学、服务社会、为人师表六个部分，其中为人师表部分对高校教师应遵守的规范提出了明确要求："学为人师，行为世范。淡泊名利，志存高远。树立优良学风教风，以高尚师德、人格魅力和学识风范教育感染学生。模范遵守社会公德，维护社会正义，引领社会风尚。言行雅正，举止文明。自尊自律，清廉从教，以身作则。自觉抵制有损教师职业声誉的行为。"2012年，教育部颁发了各级教师的专业标准，明确提出"师德为先、学生为本、能力为重、终身学习"的理念，突出师德要求，要求教师履行职业道德规范，增强教书育人的责任感和使命感，践行社会主义核心价值观，并将"衣着整洁得体，语言规范健康，举止文明礼貌"列为教师个人修养与行为的要求。

在日常生活中，人们对教师形象有普遍的一般标准与尺度，因此常用"像不像老师"来评判某名教师。令人遗憾的是，个别教师缺少礼仪修养的现象是存在的，这不能不引起我们的重视。以下从教师与同行的言谈礼仪、与学生的言谈礼仪和与家长的言谈礼仪三个方面加以说明。

一、与同行的言谈礼仪

（一）与同事的言谈礼仪

教师与同事的言谈礼仪具备职场言谈礼仪的一般特性，但又因"教师"这一特定身份而具有自身的特点。概括起来，规范性和导向性是其重要特点。苏联著名教育家苏霍姆林斯基指出，学校应当有一种高度的语言素养，有一种对词的高度敏感的气氛。一个说错或者写错的词，不仅教师，而且学生，听起来都会感到它不协调，就好像一个具有高度音乐听觉的人，听到一个错误的音符时感到那么不入耳一样。因此，教师间的言谈礼仪应具有很强的规范性。教师是学生学习的对象，对于学生的成长进步起着潜移默化的熏陶作用，其一言一行都可能引发学生的效仿与学习，为学生的言谈举止指路，因此教师与同事的言谈礼仪也具有鲜明的导向性。

有这样一个案例：某中学两名语文老师关系紧张，平时见面连招呼都不打，即使迫于工作的交流，也只是极其表面的机械的沟通。究其原因，只源于新老教师教学风格的迥异、学术观点的不同。甲教师是老牌的优秀教师，数十年如一日从事教育事业，兢兢业业；乙教师是大学毕业的新教师，带着新潮的思想和理念，有着新一代青年的朝气与不羁。在一次学术交流会上，甲教师认为乙教师的课程设置没有遵照教学大纲，讲课风格也过于随意，而且他的课堂颠覆了传统教师的形象，于是明确提出批评；而乙教师则认为甲教师的课堂过于沉闷，跟不上时代的潮流，不利于激发学生的学习兴趣……于是，两名教师争得面红耳赤，却没有争出个孰是孰非，最后不欢而散。会后，经过领导的点拨和其他同事的疏导，虽然他们各自都清楚自己的观点有些偏颇，但碍于面子却谁都不肯低头认错，于是便出现了案例开头的一幕。这是同事之间不善言谈沟通所导致的。

与同事交谈时，教师的语言应准确、得体，语气亲切，体现尊重。交谈时要区别对象，该说的说，不该说的不要说。《论语·卫灵公》有言："可与言而不与之言，失人；不可与言而与之言，失言。知者不失人，亦不失言。"说的就是这个道理。交谈中不能自吹自擂，过分夸耀自己，或以己之长反衬他人之短。教师之间的言谈应显尊重和真诚，通过互相交流教育教学经验和反思教育教学方法，促进双方业务能力的提高。世界著名企业家汤姆·考林曾说："我们能做的事情都是我们所了解的，了解得越多，就会做得越好。向您的同事倾谈吧，相互倾谈，才能相互指导和学习。"要注意的是，同事之间不能讥讽挖苦、尖酸刻薄，甚至进行人身攻击，更不能在背后非议他人。

"三人行，必有我师""三个臭皮匠，顶个诸葛亮""择其善者而从之，其不善者而改之"，这些名言警句都提醒人们应善于向他人学习，进而完善自我。作为以教书育人为己任、不断学习进步的教师，更应如此。我国著名教育家陶行知曾说："要想做好教师，最好是和好教师做好朋友。"对于他人善意的批评，教师应虚心接受。培根曾说："一个人从另一个人的诤言中所得来的光明，比从他自己的理解力、判断力所得出的光明更加干净纯粹。"教师之间应相互学习、各取其长、共同进步，避免文人相轻、嫉贤妒能的态度；应善于赞美别人，努力学习别人的长处，年轻教师尤应如此。"听君一席话，胜读十年书"是对交谈意义的深刻总结。著名爱尔兰作家萧伯纳曾说："倘若你有一个苹果，我也有一个苹果，而我们彼此交换这些苹果，那么我们每个人仍各有一个苹果；倘若你有一种思想，我也有一种思想，而我们彼此交流这些思想，那么我们每个人就各有两种思想了。"

教师之间的交谈方式应多是商量口吻或尊重对方的。除了一般常用的礼节性敬语，如"你好""您好""再见""谢谢"，教师之间的文明用语还有很多，其中一些很少用于其他行业，因此具有自身的特点，例如："有个问题还请您指教。""不当之处请多多批评。""我有个想法，不知可行不可行？""课堂教学的设计能不能更加充分地调动学生的主动性？""周六你有空替我值一下班吗？""谢谢您的关照！"

在工作中，教师之间的称谓要求庄重、得体，体现教师的言谈礼仪。教师之间的以下五种称谓语出自《教师礼仪》编写组编著的《教师礼仪》。

第一种是职务性称呼。在工作中，以交往对象的职务相称，以示身份有别和尊重。以职务相称，具体来说又分为三种情况：仅称职务，在职务之前加上姓氏，在职务之前加上姓名。最后一种仅适用于极其正式的场合。

第二种是职称性称呼。对于具有技术职称者，尤其是具有高级、中级职称者，可以在工作中直接以其职称相称。以职称相称，下列三种情况较为常见：仅称职称，职称前加上姓氏，职称前加上姓名。

第三种是学衔性称呼。在工作中，以学衔作为称呼，可增加被称呼者的权威性，有助于增强现场的学术气氛。称呼学衔有三种情况最常用：仅称学衔，在学衔前加上姓氏，在学衔前加上姓名。

第四种是组织生活中的称呼。在党、团组织生活中，通常称呼"同志"。它具体又分为两种情况：姓名加上"同志"，一般在正式组织生活中、组织发展会等严肃场合采用这种称呼；名字加上"同志"，通常在组织生活会、学习研讨会议等场合使用这种方式。

第五种是同事间的姓名称呼。在工作岗位上称呼姓名，一般限于同事、熟人之间。其具体方法有三种：直呼姓名；只呼其姓，不称其名，通常要在前面加上"老""大""小"；只称其名，不呼其姓，通常限于同性之间，尤其是上司称呼下级、长辈称呼晚辈之时。

（二）与领导的言谈礼仪

教师和领导交谈，总的来讲要求自然、得体，一方面体现尊重；另一方面也不能阿谀奉承、一味逢迎，应注意谦恭适度。说话不仅要适可而止，避免过分较真，而且要符合下级的身份，不能讲一些越级的话。在接受领导布置的任务时，应避免推诿或者出现不情愿的语气。如有困难，应委婉拒绝并说明原因，理由应合乎情理。若领导坚持，一般情况下应尽力完成。此外，在汇报工作时，语气应平和，紧扣中心，多用请示语。

值得注意的是，在向领导建议时，应注意说话的语气，讲究交谈的方式和方法。一名教师精心策划了一次班级活动，准备带领学生到某社区体验生活，但向校长请示时，校长却因经费问题拒绝了该教师的请求。该教师争取了好几次，校长都没有同意。该教师认为领导故意为难他，非常郁闷，找到领导后非要领导同意他的请求不可，并列举了其他教师开展相关活动得到批准的事实，质问校长为什么同意别的教师的活动要求，却单单否定了他的方案，是不是对他有什么偏见。其实，领导否定该教师的请求并没有针对教师个人的想法，只是从学校花费开销上考虑。教师这么质问校长，让校长很不高兴。还有一个案例，在一次教师代表会议上，领导提了一个关于教师工资方面的方案，让教师代表讨论。一名教师代表直接就说："校长，您报告中的内容我不敢苟同，我认为应该……"另一名教师代表接着发言："经过对这个方案的认真考虑，我认为有点不太理想的地方。我提出来，您指正一下……"两名教师代表提的意见内容大致差不多，但领导对第二名教师的发言表示出了更多的倾听兴趣。同样的意见，不同的表达，结果大相径庭。

教师职业要求人们追求真、善、美，对待学生有爱心，在教师之间的人际交往中，应尽量做到态度温和、情感真挚、坦诚相待、谦逊有礼、自然大方，充分体现教师的人文情怀与综合素养。简单地讲，教师与同行之间应平等相待，言谈需体现尊重。

有人认为，教师在言谈中一般应遵循"3A"原则，即人们在与他人交往过程中，应努力用自身言行去接受（accept）对方、重视（appreciate）对方、赞同（admire）对方。由于教师历来被看作有素质的代表，其言行具有鲜明的示范性与教育性，因此教师应该重视这条交往礼仪中的重要原则。

《孟子·离娄下》有言："爱人者，人恒爱之；敬人者，人恒敬之。"尊重是相互的，但是从个人来讲，需要先主动施与，才可能有所回报。值得一提的是，同事关系以共同工作为基础，不同于亲人之间的关系，应"尊重为先，亲密有度"。

此外，教师之间的言谈和校园里、课堂上与学生的言谈在对象与内容上都有所区别，因此应"到什么山上唱什么歌"，区别交谈的对象与场合，在话题与说话方式等方面均应有所变化。

二、与学生的言谈礼仪

我国著名教育家叶圣陶曾著文呼吁："凡是当教师的人绝无例外地要学好语言，才能做好教育工作和教学工作。"我国著名儿童教育家孙敬修认为，教师的一言一行对孩子都是很有影响的，孩子的眼睛是"录像机"，耳朵是"录音机"，脑子是"电子计算机"，录下来的信号装在"电子计算机"里储存起来，然后指导他的行动。苏联著名教育家苏霍姆林斯基特别强调教师的语言素养，认为教师的语言素养决定了学生脑力劳动的效率，他指出："教师要会开辟这个世界，使你的语言像音乐一样，在孩子们的心里铮铮作响。要使你那些冥思苦想出的话语，成为孩子无与伦比的欢乐。如果在你学生的心灵里奏出语言的音乐，那他就会变成你的受教育者。"总之，教师要用美的语言、美的行动、美的心灵来影响和教育学生。

（一）教学言谈礼仪

有人说，知识之水从教师的池塘流进学生的心田，其间有一道关口——壶口。只有壶口顺畅地打开，才有可能很好地传授知识。而如果"茶壶里煮饺子——有货倒不出"，那么即便教师的知识再丰富，教学效果也很可能不理想。"工欲善其事，必先利其器。"俗话说，"教师是吃开口饭的。"教师要想讲好课，必须注意教学言谈。

教师的言谈如何才能合乎礼仪，更好地为教书育人服务呢？这里不妨先看看孙中山演说的经验："身登演说台，其所具风度姿态，即须使全场有肃穆起敬之心。开口讲演，举动格式又须使听者有安静祥和之气。最忌轻佻作态，处处出于自然，有时词旨严重，唤起听众注意，却不可故作惊人模样。予少时研究演说，对镜练习，到无缺点为止。"概括起来讲，教师应自觉培养文明修养，注重言谈礼仪，追求语言的艺术性和规范性，从而做到语言美与体态美兼备。

1. 语言柔和动听，适当变化

语言的生动效果常常是依赖语音的变化而实现的。语音变化主要有声调、语调、语气、语速和音量的变化等。如果这些要素的变化控制得好，会使语言增光添彩，产生迷人的魅力。孙中山介绍他演说的经验时指出："演说如作文然，以气为主，气贯则言之长短、声之高下皆宜。说到重要处，掷地作金石声……"此处即说明语气需适当变化。如教师在朗读保尔·柯察金的名言"当他回首往事的时候，不因虚度年华而悔恨，也不因碌碌无为而羞耻……"时，语气中饱含情感，应是自豪而奔放的。此外，在不同的场合应当使用不同的语速。在讲课时，语速能影响情感表达，速度适中会给人稳健的印象。一般情况下，对音量的控制要根据地点、场合以及人数的多少而定。

2. 语调恰当，富有节奏

教师应根据思想感情表达的需要，恰当地把握语调，同时做到语言清晰明白。说话时要综合把握语调，形成波澜起伏、抑扬顿挫的节奏美。如果语言缺少起伏变化，始终是一个频率、一个声调，往往会使人觉得缺乏吸引力，缺少乐意聆听的兴趣，"文似看山不喜平"，说的就是这个道理。为此，教师讲课时的语调应有起有伏，不能过于平缓，应时急时缓、抑扬顿挫，让学生感到教师的语言生动活泼，从而收到抓住人心、打动人心的效果。例如关汉卿《窦娥冤》中的唱段："有日月朝暮悬，有鬼神掌着生死权……天地也！做得个怕硬欺软，却原来也这般顺水推船。地也，你不分好歹何为地！天也，你错勘贤愚枉作天！"教师朗读这段文字时，语调自然应起伏变化，节奏感强，甚至还可带入一些表演的成分。总之，教师课堂上的语音语调既不能过于呆板，又不能过分突兀，变化时应显自然，不能忽高忽低、毫无节奏。

3. 发音准确，讲授流畅清晰

一般来讲，教师的语言应做到清晰、准确、流畅和规范。如果口齿不够清晰，可把讲话的速度尽量放慢，因为操之过急往往会使口齿不清的毛病更突出。口头表达能力强的教师，其语言清晰有力，发音纯正饱满，无论将音量控制在什么程度，都能让学生听清楚。有人认为，教师应使自己说话的音高、音强、音长达到和控制在最适当的程度，具体标准是使坐在每个位置上的学生都能毫不费力地听清楚教师讲的每句话、发出的每个音节，并且听感舒适。如果达不到这一点，就妨碍信息传递，影响学生听课的效果。另外，教师授课的语言应清晰、明白，逻辑性强，可多一些短句，少一些长句。例如，在概括《诗经·氓》的故事情节时，教师可能会这样讲："诗人具体详细地叙述了一个遭遇不幸的妇女与坏男子相识、恋爱、结婚到后来被虐待、被遗弃的完整过程。"这句话简练，但过长，不大适合学生理解、记忆，不如换成短句，更便于说、听、记，如："诗人在这首诗中，叙述了一个遭遇不幸的妇女的故事。先写了她同那个坏男人相识、恋爱，接着写他们结婚成家，最后写她被虐待、被遗弃。整个过程介绍得详细具体，系统完整。"

此外，为了提高教育教学效果，有人主张教师的授课语言要"甜"一点，体现说话的艺术。这有一定的道理。这里的"甜"可以理解为教师的激情与智慧，对教育事业的热爱。具体来讲，即多一点诱导、少一点责难，多一点鼓励、少一点贬斥，切忌语气生硬、少情寡味，例如慈祥亲和的面容就是一种"甜"的无声语言。教师的语言饱含知识营养，尤其是能激发学生求知欲的、受学生喜爱的言语，能让学生在甜美、欢悦的氛围中集中精力认真学习。

（二）教育言谈礼仪

苏霍姆林斯基在《给教师的一百条建议》中说："在拟定教育性谈话的内容的时候，你时刻也不能忘记，你施加影响的主要手段是语言，你是通过语言去打动学生的理智与心灵的。然而，语言是强有力的、锐利的、火热的，也可以是软弱无力的。"这也提醒教师，在对学生进行思想教育时，应该注意发挥语言的影响。

进入新时期，有人总结了平等、合作、互尊互爱的新型师生关系，并逐渐成为较为广泛的共识。具体来讲，教师可能在教育活动中承担领导者的角色，但他仅仅是作为学习群体中的一个平等的成员，教师在这个群体中处于"平等中的首席"（first among equals）的地位。这里强调的是"平等"的师生关系。教师的见识和阅历比学生丰富，但教师和学生在人格上是平等的，教师应像父母爱护孩子一样爱护学生，在言谈上应尽量给人以温和、儒雅之感，这样才能符合人们对理想教师的一般认识。联合国教科文组织的报告《教育——财富蕴藏其中》明确提出："教师和学生要建立一种新的关系，从'独奏者'的角色过渡到'伴奏者'的角色，从此不再主要是传授知识，而是帮助学生去发现、组织、管理知识，引导他们而非塑造他们。"很明显，该报告非常强调"合作"的师生关系。教师只有做到尊敬学生、爱护学生，才能赢得学生的尊重和爱戴。这里即体现了"互尊互爱"的师生关系。

基于以上新型师生关系，教师面向学生的教育言谈有如下一些具体的方法或要求。

1. 多用赞美语

教育的本质是什么？德国著名哲学家雅斯贝尔斯曾说："教育是一棵树摇动另一棵树，一朵云推动另一朵云，一个灵魂唤醒另一个灵魂。"很多教师认为，爱是教育的最高境界。教师爱教育、爱学生，自然会用欣赏甚至赞赏的眼光来看待学生的成长，与学生言谈时也会倾向于多用关爱的话语来感染学生，激发学生向上、向善的内驱力。

社会心理学认为，人的行为一经发生，都希望得到肯定的反应。生活中我们需要得到别人的赞美，也需要赞美别人。教师在教育教学活动中，面对不同的学生、不同的情景，言谈应适时变化，也就是因材施教，但不管怎么变化，总的来讲，教师与学生言谈时可多用鼓励甚至赞美，并期望其更上一层楼，而不是一味地批评甚至挖苦取笑。不尊重学生的言行，会大大伤害学生的自尊，不仅教育效果不会理想，甚至还有可能使学生失去上进的勇气和决心，在错误的深渊里越陷越深。反过来，如果教师适时且恰当地运用赞美语，对于学生尤其是后进生会有很大的促进和鼓舞作用，甚至会让一些学生心存感激。由此可见，赞美语的作用非同一般。

教师使用赞美语也有很多好的方法，使用得好则如同"春天的轻风、冬夜的火苗"。比如，表扬学生时尽可能点到具体的人名，如"张三、李四、王五等同学的书写很漂亮"，而不是"班上很多同学的书写都很漂亮"，前者让学生"有感"，后者却会让那些本应受到表扬的同学没有什么感受。对学生的肯定和赞赏，可能会收到神奇的效果。有这样一个广为流传的故事：著名教育家陶行知当小学校长时，有一天看到一个学生用泥块砸自己班上的同学，当即喝止他，并令他放学时到校长室去。放学后，陶行知来到校长室，这个学生已经等在门口了。一见面，陶行知却掏出一块糖送给他，并说："这是奖给你的；因为你按时来到了这里，而我却迟到了。"学生惊异地接过糖。随后，陶行知又掏出一块糖放到他手里，说："这块糖也是奖给你的，因为我不让你再打人时你立即住手了，这说明你很尊重我，我应该奖给你。"那个同学更惊异了。陶行知又掏出第三块糖塞到他手里，说："我调查过了，你用泥块砸那些男生，是因为他们不守游戏规则，欺负女生。你砸他们，说明你很正直善良，有作斗争的勇气，应该奖励你啊！"那个同学感动极了，他流着泪后悔地说："陶校长，你打我两下吧！我错了，他们毕竟是我的同学啊！"还有一个案例：一名老师接了一个"慢班"，开学第一天，他就对同学们说："有人说我们是'处理品''垃圾班'，这是没有道理的。就拿体育锻炼来说，我们班不但不是'垃圾班'，而且可以成为先进班；不但不是'处理品'，而且可以成为'一等品'。"一席话说得同学们哈哈大笑，用功学习的劲头一下子高涨起来。

2. 慎用批评语

俗话说："严是爱，松是害，放任不管要变坏。""良药苦口利于病，忠言逆耳利于行。"教育教学过程中，除了赞美，还有批评，二者缺一不可。不过，批评是为了改变别人，而要达到自己的目的，必须顾及对方的自尊心，要考虑方式方法。例如，批评需要讲究时间、环境和场合，能够不在大庭广众之下批评的，就尽量不在众人面前批评；不必指名道姓批评的，就尽量避免。适时、恰当的批评，是对对方的一种激励；不恰当的批评，甚至挖苦、谩骂，都会造成伤害。

学生在成长过程中，出现一些失误甚至错误是常见的现象，教师应适当理解与宽容，避免狭隘偏激。教育教学中对于批评语有一般要求：一是尊重学生的人格，避免伤害学生的自尊；二是实事求是，以理服人；三是讲究方法，区别对待。著名儿童教育家孙敬修见几个孩子在折树苗，便把耳朵凑过去，装出听什么的样子。孩子们好奇地问爷爷在听什么，他说是在听小树苗哭泣。"小树苗也会哭吗？""是呀，你们折了它，它当然要哭。"孩子们听了，脸都红了。这是不露声色、较为高超的批评语。又如鲁迅曾批评学生川岛不该把大部分时间荒废在谈情说爱上，于是在送给他的《中国小说史略》扉页上写道："请你从情人的拥抱里暂时伸出一只手来，接收这干燥无味的《中国小说史略》……"这是用幽默的方式说出严肃的道理。有一位已退休的老师说："我当老师的时候，很少在课堂上批评学生。当遇到学生违反课堂纪律时，我就用眼神暗示他。他改了就好；不改，我也不会立即批评他，而是下课后找他谈话，指出问题之后我会说：'老师知道你自己可以改正，你不会辜负老师的期望吧？'下次只要我看他一眼，他立刻就明白是什么意思，一般都会马上改正错误的。我尊重他们，他们也尊重我。我的课堂纪律一直很好，学生们很少故意给我找麻烦。"这是慎用批评语的好处。

不管使用赞美语还是批评语，教师用词都应贴切，说话应有分寸，恰到好处。也就是说，赞誉不能不切实际，以免让学生沾沾自喜或者产生不信任感；批评也不能不留任何余地，以免让学生无地自容，伤害自尊。

3. 善于倾听

有人说："倾听是我们对他人至高的恭维，世上再无比倾听更美的姿势。对方先开口的好处，除了将你的尊重传递给他，还在于更准确、深入地洞察他的关切。"教师以教书育人为己任，更应懂得倾听的重要意义。俗话说，"兼听则明，偏听则暗。"在课堂教学和处理学生事务时都应善于倾听，然后沟通交流，避免"一言堂"或者随意插话做"鸿篇大论"，甚至自我炫耀。教师应多站在学生的角度考虑问题，情感上贴近学生心灵，调动学生发言的积极性和主动性，甚至可以让学生畅所欲言。对于不善于在老师面前说话的学生，应想办法打开他们的话匣子，鼓励其多开口，最后为学生排忧解难。

4. 吐露真诚

真话往往具有迷人的魅力。与学生谈话时，教师应注意实事求是，不夸张、不虚张声势，摆事实、讲道理，让学生信服。教师可用自己的亲身经历或者自身的人生阅历来帮助学生明白是非，端正态度，使教师的一番话可信、可亲、可敬，这是敞开心扉后心与心的碰撞所产生的共鸣，是用真心换取真心。可以想见，缺少真诚是不可能做到的，教育的意义也会随之大打折扣。有这样一则故事：有个学生偷了同学两元钱。当老师准备追查这件事时，学生悄悄地把钱扔在地上，然后又从地上拾起钱对老师说："是谁把钱扔到这儿了？"老师将这一切都看在眼里，但当时并没有说什么。课后，他叫住了那个学生。那个学生马上紧张起来，左顾右盼，生怕别人看见。到了一个僻静的地方，老师问："今天的事儿你能如实地告诉老师吗？"他没有吭声。老师又问："是你把钱扔在地上的吧？"他满脸通红，不敢正视老师一眼。老师把看到的一切告诉了他，并说明了当时没有点明的原因："你想想，如果我当着大家的面说钱是你拿的，同学们将会怎样看待你呢？"老师的宽容和谅解让这个学生很感动。在认识到自己的错误后，该学生再也没有发生过类似的事情了。应该说，这名教师的语言是真诚的，也是讲究教育方法的，因此收到了良好的教育效果。

教师找学生谈话，要先确定谈话的目的、内容、思路和方法，条理清晰，内容集中，从而解决问题。谈话的场合需要恰当选择：表扬、商讨或研究工作等，可在教室或办公室进行；批评或了解不宜公开的情况，则应选择人少、清静的地方。学生到来时，要称呼学生的名字。戴尔·卡耐基曾说："记住人家的名字，而且很轻易地叫出来，等于给别人一个巧妙而有效的赞美。"教师记住学生的名字，能体现出对学生的尊重，学生是能感受到的。一般来讲，教师称呼学生不用昵称或绰号。

另外，教师说话还要灵活多变、因人而异、因事而异，注意因材施教，例如与集体谈话跟与学生个别谈话不同，与不同学生谈话也应有不同的语言艺术。有人指出，教师要善于根据学生不同的年龄、接受程度、兴趣、特长、性格特征和心理活动规律等因素，确定不同的谈话内容和方式：与先进生谈心，注重"响鼓无需重锤敲"，要教育他们谦虚谨慎、戒骄戒躁；与中等生谈心，要使他们树立崇高的理想，"推"着他们力争上游；与后进生谈心，要以鼓励为主，耐心引导；对个性较强的学生，要心平气和、以柔克刚；对感情脆弱的学生，要轻声细语、动之以情。

以下是李佳主编的《教师礼仪与文化修养》中所列的教师与学生的文明用语和禁忌用语。

首先是文明用语。

提倡用词：请、谢谢、对不起、没关系、您好、麻烦您。

提倡用语："老师真为你高兴。""你能行！""你做得到！""我相信你！""慢慢说，你会回答的。""今天能看到你举手发言，真是太好了！""一时记不起来，没关系。""谢谢你为同学（为班级）所做的一切！""这样的表现，让人满意。""我总是记着你的优点。""老师喜欢看到你专注的眼神。""错了，大家一起帮你！""对了，这就是进步！""我能帮你什么呢？""你是不是需要我的帮助？""这次没达到要求，下次再努力。""想好了再说，老师不怪你。""你的进步，就是老师的快乐。""我们一起来（做）！""别忘了，我也是你的朋友。""我认为你是有出息的孩子，只是一时糊涂了。""这可不像你的做法，拿出你的真本事来！""你愿意把心里的话悄悄告诉我吗？""你又成功了！""一次一次战胜自己，就是进步！""你和别人没什么两样，我一直都是这么想的！""我发现你懂事了，真让人高兴！""我给你一点时间，你考虑好了再告诉我，行吗？"

其次是禁忌用语。

忌用的词：笨、笨蛋、呆子、傻、傻瓜、神经病、白痴、没出息、蠢、滚、讨厌、无可救药。

忌用的语言："全班你最笨！""你的脑袋怎么长的，这么简单都不会！""神经有毛病！""跟白痴没啥两样！""真是×脑，这点小事都记不住！""做不出来，就滚出去！""没出息的家伙，真讨厌！""你怎么这么笨，怎么教都教不会！""一看你这张脸，就知道人呆呆的！""再忘了，明天不用来上课！""整天疯疯癫癫，神经病！""连这都不懂，不知道你有多傻！""××都比你聪明！""这么简单的题目都不会做，你是木头人！""滚回家去，叫你家长来！""你太差了，我不会教，叫你家长自己教！""你们这一群笨蛋，长大一点出息也没有！""回家抄课文去！""不关你的事，真是白痴！""你看看你自己，蠢得像×，还能干什么！""算了，算了，我再也不管你了！""教到你，我真是倒霉！""这么笨的事只有你做得出！""蠢材一个！""你的眼睛瞎了，自己看！""怎么又迟到了，死到哪儿去了！""只知道玩，跟白痴一样！""再闹，再吵，给我滚回去！""没见过这么令人讨厌的学生，天天都有'事'，干脆不要来了！""脑袋生锈了，不知你妈怎么生你的！"

苏霍姆林斯基曾说："只有痴呆和道德上的堕落才能堵塞语言通向人们心灵的道路。语言是争取人们灵魂的坚强战士。一切都取决于你这个教师的话语怎样。有的话语像患呆小病的那样瘦弱难看；有的话语像枯草的影子一样没有力量和感情；有的话语则像永恒的星辰那样光辉灿烂、永不熄灭，为人类指引着道路。"

总的来说，教师应用文明、得体的语言和行动去改变现实中一些不文明的现象，而不是以不文明来对待不文明。对于有些学生言谈举止不符合学生的规范，有的教师可能会倾向于"以暴制暴"，应该说这种认识是不对的。在与这些学生沟通交流时，教师更应注重教育的方式和方法，考虑谈话的效果，言传身教，用文明的言行举止尊重学生、感染学生，给他们正面的引导。此外，在教育教学过程中，教师还应充分发挥体态语尤其是手势语和表情语的作用，以此辅助教育教学。

三、与家长的言谈礼仪

有这样一项调查：北京一所学校曾就家长会对 328 名不同年级的学生进行了一次问卷调查，结果显示：36.3% 的学生惧怕开家长会；家长会后，13.3% 的学生与教师关系变得紧张，20.1% 的学生与家长关系变得紧张，30.5% 的学生受到严肃批评并被限制活动。不少学生表示，希望家长会"尽量少开""最好永远不开"。为什么会出现这种情况？怎么才能让家长、学生与教师走得更近？在这里教师的言谈起着重要的作用。

与家长会相关的还有家访。教师家访的目的通常有三个：一是及时向家长反映学生在校情况；二是了解学生家庭情况、家庭教育状况和家庭环境对学生的影响，以及学生在家庭中的表现；三是与家长一起研究和改进对学生的教育。不少人相信，家访重要的不在于谈论学生的昨天和今天，而在于如何使他有一个灿烂的明天。由此可见，教师与家长言谈时，应多从正面赞扬学生，肯定学生的进步；对于存在的问题，教师要用恰当的方式实事求是地指出；教师还可以鼓励家长，耐心、乐观地看待学生的成长之路，相信家校联合能够解决问题。

李荣建《社交礼仪》中指出，教师和家长交谈，要目的明确，事先做好充分准备。教师可采用家庭访问、召开家长会、电话联系、微信联络、邀请家长来学校谈心、组织家长委员会、开办"家长学校"等方式与家长联系。在交谈中，应树立家庭教育、学校教育、社会教育三者之间相互影响、密切配合的"大教育"观念，激发家长教育子女的积极性；树立素质教育的观念，激发家长教育子女全面发展的责任感。此外，应尊重家长的意见，不能说侮辱家长和学生人格的话，不能做侮辱家长和学生人格的事，同时还应顾忌一些家长不能容忍教师当众讽刺、指责甚至贬损自己子女的情绪，尊重家长和学生的感情，这样才能赢得对方的尊重。例如，在一次家长会上，某班主任老师当着全体家长的面说："我们班同学的期末考试成绩都写在黑板上，请家长们自己看。全班除了某某同学以外，都考得比较好，真是一粒老鼠屎坏了一锅汤，不知家长是怎么教育的……"话说到这里，那名学生家长当即离席而去，临走时回敬了一句："我不配当家长，你更不配当教师！"全体学生家长愕然，家长会不欢而散。还有一个案例：有一个家长，总是夸自己的孩子在原来的学校表现怎么好，那边老师又怎样夸他。事实上，他的行为习惯极差，不听讲、爱打人，最令人头疼的是不肯写作业，而且字迹潦草。两次写作业他都不肯动笔，于是老师当场打电话给家长，家长反问老师："是不是你布置作业太多，孩子受不了？在原来学校他可不是这样的，很乖的。"很明显，家长在护短。当时老师很生气，但还是克制了，不卑不亢地说："作业不多，只是练写九个生字。你只有这么一个儿子，我很理解你疼爱儿子的心情，但你的孩子才转来，这些毛病早就有，你却忽视了，可能那边学校的老师只会对你说孩子的好话吧。我不会撒谎，我想改变他；但是如果家长护短，老师再努力也是白费。"说完老师就挂断了电话。第二天家长打来电话向老师道歉，后来逐步改变了教育孩子的方法。不久，这名学生改变了坏习惯，成绩也提高了。这个案例说明，当家长出现"过于袒护孩子""物质金钱刺激""打骂体罚""拔苗助长"等错误做法时，老师应帮助家长掌握科学的教育方法，及时予以纠正。

与家长言谈的文明用语很多，例如："谢谢您的理解和配合！""教育好孩子是我们应尽的义务。""这些是我们应该做的。""让我们来商量一下，怎样教育好孩子。"

总之，教师应多用文明用语，讲求教师礼仪。

💬 延伸阅读

[1] 赵一.说话的艺术全集[M].哈尔滨:黑龙江科学技术出版社,2007.

[2] 南怀瑾.南怀瑾谈领导的艺术与说话的艺术[M].上海:上海人民出版社,2009.

[3] 李衍华.说话的逻辑与技巧[M].北京:北京大学出版社,2011.

[4] 胡宝林.会说话,会办事,会做人[M].北京:华文出版社,2010.

[5] 官念.CIA教你逻辑说话术[M].北京:现代出版社,2013.

[6] 塞缪尔·斯迈尔斯.哈,富人都是这样想的[M].龙婧,译.合肥:安徽人民出版社,2012.

🖥 视频链接

1.《现代礼仪》栏目公关礼仪第十三集"礼品"。http://www.iqiyi.com/w_19rrc5d519.html?list=19rroc2l56#curid=1002240209_2ed00951cf0b2125f799273a6a9a9b94。

2.《现代礼仪》栏目公关礼仪第十五集"拜会"。http://www.iqiyi.com/w_19rrc5c7al.html?list=19rroc2l56#curid=1002279809_5a099c5be117f58e86bde929dd56b62e。

3. 中央电视台第10频道《百家讲坛》栏目《金正昆谈现代礼仪》之"人际交往法则（上）"。https://www.bilibili.com/video/av1952670/?p=6。

4. 中央电视台第10频道《百家讲坛》栏目《金正昆谈现代礼仪》之"人际交往法则（下）"。https://www.bilibili.com/video/av1952670/?p=7。

5. 中央电视台第10频道《百家讲坛》栏目《金正昆谈现代礼仪》之"介绍礼仪"。https://www.bilibili.com/video/av1952670/?p=12。

6. 中央电视台第10频道《百家讲坛》栏目《金正昆谈现代礼仪》之"仪表礼仪"。https://www.bilibili.com/video/av1952670/?p=8。

第二节 学生言谈礼仪

📄 案例导入

　　冯玉祥将军在担任国民政府军事委员会副委员长期间，因为没有实权，比较清闲，于是开始学习作白话诗。他称自己作的诗是"丘八诗"。冯玉祥每次写完诗，都要请秘书代为修改。秘书们感到难以担当此任务，于是建议冯玉祥请知名作家帮助他修改诗作。冯玉祥觉得这是个好建议，便请来老舍、吴组缃等人。冯玉祥对他们非常尊敬，尊称他们"先生"，一有新作就拿去请教。他常说："请几位先生多多指导我这个愚钝的学生才好。"

　　一次，冯玉祥命令勤务兵："去请老舍先生来一下。"

　　勤务兵答："是，我去叫他来。"

　　冯玉祥一听，生气地说："什么？你叫他来？你能'叫'他来？你应该恭恭敬敬地对老舍先生说，是我请他来，问他有没有时间能过来一叙。"

　　后来，冯玉祥还特地为此写了一首诗送给老舍先生。

　　虽然冯玉祥文化水平不高，但他虚心好学。他尊师的故事也被传为佳话。（引自陈沫《学生礼仪》）

一、学生间的言谈礼仪

　　言谈作为一门艺术，是个人礼仪的重要组成部分。《三字经》云："为人子，方少时；亲师友，习礼仪。"《弟子规》对学生的言谈举止有明确的规定："凡出言，信为先，诈与妄，奚可焉。话说多，不如少，惟其是，勿佞巧。奸巧语，秽污词，市井气，切戒之。"学生在进行言谈时应该注意使用礼貌用语，不说脏话、粗话，在日常生活中对他人多说客气话不仅表示尊重别人，而且体现出自己的修养；多使用礼貌用语，有利于营造融洽、和谐的气氛，进行正常交流。舒静庐《学生礼仪》中认为，对他人提出要求时，说"请"；跟他人打招呼时，说"您好"；与他人分手时，说"再见"；给他人添麻烦时，说"对不起"；他人向你表达谢意时，回答说

"没关系"；得到别人帮助表示感谢时，说"谢谢"。对教师、社会工作人员要称呼职务或"老师""师傅""叔叔""阿姨""伯伯""爷爷""奶奶"等，不得直呼姓名。

学生时代是人生最宝贵的时代。培根曾说："缺乏真正的朋友，乃是最纯粹最可怜的孤独。假如没有朋友，世界不过是一片荒漠。"同学间的友情是人类最美好的感情之一，学生时代建立的友谊是纯洁的。学生时代要处理好同学之间的关系，言谈礼仪不可缺少。总的来讲，同学之间应相互尊重、和睦相处，不搞"小团伙"，才能在学生时代获得友谊和快乐。

（一）同学之间应相互尊重

同学之间交往要学会使用"请""你好""谢谢""对不起""没关系""别客气""再见"等礼貌用语；同学间相见时要互相问候、招呼或点头，问候时彼此之间可直呼其名，但不能用"喂""哎"等不礼貌用语称呼他人；有求于同学时，使用"请""谢谢""麻烦你"等礼貌语言。借用学习用品时，应在征得同意后再拿，用后及时归还并致谢；若同学遇到困难，如学习暂时落后、遭遇不幸、身患疾病等，不应嘲笑、讽刺、歧视，而应热情帮助，真诚地伸出援助之手；不要对同学的相貌、体态、衣着品头论足，尤其不能嘲笑同学的生理缺陷，不要给同学起侮辱性的绰号，以免伤害其自尊；男女同学之间交往要讲究分寸，相互尊重，举止有礼，交往大方而不轻浮，不宜动手动脚、打打闹闹。

（二）同学之间应和睦相处

在寝室里，要自觉遵守作息时间，起床、就寝动作要轻，不要大声喧哗，尽量避免打扰到别人；自觉保持寝室卫生，既要搞好个人卫生，又要积极主动地搞好公共卫生，保持好寝室的整洁、美观；不要随便在他人的床上坐卧；未经主人允许不能随便动用他人的物品，更不要随便翻阅他人的书信、日记等；爱护寝室的公共财物及各种用品，主动打开水，团结同学，互助互谅，严以律己、宽以待人；带朋友到寝室来玩时，不要在寝室嬉戏、打闹、喧哗，以防影响其他同学的休息、学习；对前来拜访的同学要礼貌友善；去同学家拜访时，要事先征得对方家长的同意，到同学家后要礼貌地称呼其家人，对其父母应称"伯父""伯母""叔叔""阿姨"，对同学的其他亲属可以随同学的称呼而称呼；参与校内的各种集体活动时，要遵守规则、谦让有礼、相互帮助。有这样一则寓言故事：风和太阳争执谁的力量大。风说："我可以证明我的力量是巨大的！你看，地下正走着一个身披大衣的老者，我能比你更快速地将他的大衣脱掉。"于是，太阳躲进乌云里，风使出它所有的威力狂吹，但是，风吹得越大，那老者越将他的大衣牢牢抓住。最后，等到风筋疲力尽停下来时，太阳从云彩里钻了出来，对那个老者投去和气的微笑。不久，老者便用手将他前额的汗水拭去，并轻轻脱掉身上的大衣。太阳亲切地对风说："仁慈和友善总要比愤怒和暴力更为有力。"这则寓言说明了和睦相处的重要意义。

下面是学生言谈礼仪的歌谣，值得学习和借鉴：同学们，都知道，礼貌用语记得牢。对待长辈要用"您"，早晨见面说声"早"，平时互相问问"好"。分别"再见"别忘了；若求人，"请"字先，最后别忘说"谢谢"；影响别人，"对不起"，回答请说"没关系"。做个文明好孩子，人人夸奖数第一。

校园语言文明是言谈礼仪的一个重要组成部分，以下语言禁忌应注意。

（1）不讲脏话、粗话。这是言谈礼仪的基本要求。出口成"脏"，骂骂咧咧，不仅不文明，也是自我贬低。

（2）不讲黑话。学生应该懂得明辨是非，从语言和心理上与不良现象拉开距离。

（3）不讲荤话。讲荤话不能证明自己成熟，反而是幼稚的体现，表明品位不高，对交谈对象缺乏应有的尊重。

（4）不讲怪话。讲话怪里怪气、怨天尤人、讥讽嘲弄、耸人听闻等，会使人产生距离感，甚至不悦。

二、与教师的言谈礼仪

我国著名文学家、思想家鲁迅说过："天才可贵，培养天才的泥土更可贵。"教育家赞可夫曾说："教师的劳动非常复杂，要求付出巨大的精力。"可见教师的劳动是一种复杂的脑力劳动，培养一个社会需要的人，需要一个漫长的劳动周期。教师是人们人生道路上不可缺少的指南针。古往今来，师者常被看作智者、尊者。可以说，只有尊师重教，个人、民族、国家才能拥有更好美好的未来。

"师者，所以传者授业解惑也。"学生首先应尊重教师，对教师有礼貌，常怀一颗感恩之心和敬畏之心，敬畏知识，敬畏课堂，敬畏教师。讲礼貌是师生相互尊重的体现，促进师生间的团结。讲礼貌是具体的，表现在日常生活、学习和工作中。例如借老师的书先打招呼，看毕送回时要致谢；打扰老师，要致歉意；受老师帮助，要表示谢意；进屋先敲门，见面先问好，告别说再见；公共场合要主动打招呼，问好；主动给老师让座、让路；上课或讨论时发言先举手；等等。此外，不能对老师大呼大叫，或乱拍肩膀，甚至乱开玩笑。

有一次，曾参在孔子旁边侍坐，孔子问他："以前的圣贤之王有至高无上的德行，精要奥妙的理论，用来教导天下之人，人们就能和睦相处，君王和臣下之间也没有不满。你知道它们是什么吗？"曾参知道这是老师要点化他，于是恭恭敬敬地站起身，走到席子外面，然后认真地回答："我不够聪明，希望老师能把这些道理告诉我。"从古人来看，"避席"是一种非常有礼貌的行为，而曾参在回答老师的问题之前，就走到了席子外向老师请教，他其实是用这样的方式来表示对老师的尊重。杨时是北宋时一个才子，中了进士后，他放弃做官，继续求学。程颢、程颐兄弟俩是当时很有名望的大学问家、哲学家、教育家，洛阳人，同是北宋理学的奠基人。他们的学说为后来的南宋朱熹所继承，世称程朱学派。杨时仰慕"二程"的学识，投奔洛阳程颢门下，拜师求学。四年后程颢去世，杨时又继续拜程颐为师。这时他年已四十，仍尊师如故，刻苦学习。一天，大雪纷飞，天寒地冻，杨时碰到疑难问题，便冒着凛冽的寒风，约同学游酢一同前往老师家求教。当他们来到老师家时，见老师坐在椅子上睡着了。他们不忍打搅，怕影响老师休息，就静静地侍立门外等候。当老师一觉醒来时他们的脚下已积雪一尺深了。老师忙把二人请进屋去，为他们讲学。后来，"程门立雪"成为了广为流传的尊师典故。

学生尊师重教，遵守礼仪，体现在以下几个方面。

首先，尊重老师的劳动。老师的辛苦劳动体现在教育教学上。学生虚心学习，认真上好每一堂课，完成课后作业，取得良好成绩，就是对老师辛勤劳动的尊重，能使老师得到安慰和喜悦。

其次，尊重老师的人格。古人云："一日为师，终身为父。"作为学生应从心里敬重老师，尊重老师的人格。学生和老师谈话时，应主动请老师坐；若老师不坐，学生应和老师一起站着说话。与老师谈话，要集中精力，姿势端正，双目凝视老师，有不同看法时可及时向老师请教、探讨。要虚心接受老师的批评，不可当场顶撞老师。另外，学生不要随意品评老师的相貌和衣着，要尊重老师的人格和习惯。俗话说："智者千虑，必有一失。"老师也难免有缺点和错误，学生应灵活且有分寸地予以批评和帮助。

再次，虚心接受老师的批评。对于老师的批评教育，应虚心接受并认真改正。若老师的批评与事实有出入，应在事后寻找适当的场合、时机加以解释。在向老师请教时，态度要谦虚，不要随意打断老师的讲述。若遇到观点不同，可用征询语气委婉地说出自己的想法，谦虚地与老师探讨，不要反问和质问老师。在与老师谈心或者聊天时，一方面发表自己的意见看法，如果老师询问情况，学生应如实反映，不要说谎；另一方面还可多多征求老师的意见，得到老师的理解和支持，获得启发。

最后，注重礼仪形式。学生在校园内进出或上下楼梯与老师相遇时，应主动向老师行礼问好。学生不宜对教师直呼其名，而应在姓或名字后加"老师"二字；进老师的办公室或宿舍时，应先敲门，经老师允许后方可进入；在和老师讲话时，学生应该先请老师坐，若老师请学生坐下，学生要先有礼貌地说"谢谢"，待老师坐下后方可坐下；谈话结束后，学生应该向老师鞠躬并且道声"谢谢老师！""老师您辛苦了！""老师再见！"，然后离开。

学生与教师的文明用语有许多，例如："老师好！""老师辛苦了！""老师，能请教您一个问题吗？""老师，我能提出自己的看法吗？""谢谢老师的鼓励，我会继续努力的。"需要注意的是，学生不仅要尊重自己的班主任、任课教师、校领导，对学校其他教育工作者或者后勤服务人员（包括图书管理员、医务人员、餐饮服务员、清洁员、巡逻员等）也应讲礼仪，注意言谈文明。

三、案例分析

案例一

王老师是一所初中的政教处老师。说到学生向老师打招呼的问题，王老师有很多话说：大多数学生能做到主动和老师打招呼；但很多学生只是和认识的老师打招呼，而遇到不教自己课的老师就不闻不问；还有的学生只挑自己喜欢的老师问好，对不喜欢的老师就装作没看见。

　　"不是不想打招呼，只是有点儿怕老师。上周的物理考试我才考了60多分。我怕老师见了会问。"初二的小冬不好意思地说，"我觉得尊敬老师不一定要说出来，不向老师问好并不代表我不尊重老师。"另一个初一学生小允说："有时向老师问好，老师好像没听见，要不就点点头，好像也没有什么反应。问不问好都一样嘛！"（引自舒静庐《学生礼仪》）

　　师生碰面时学生需不需要主动和老师打招呼？要不要选择性地打招呼？遇到学生打招呼时老师要不要回应？如果回应要如何回应？

案例二

　　一个即将毕业离校、走向工作岗位的学生，在学校临别座谈会上发表了即兴演讲，以表达对母校和老师的深切留念之情："刚才，老师为我们念了送别诗，情真意切，催人泪下。老师的情谊，将是我人生道路上永远吹拂的春风。此刻，我也想起了一首诗：'俏也不争春，只把春来报。待到山花烂漫时，她在丛中笑。'这首诗虽然是咏梅的，但我想用来比喻我们的老师，也是恰当的。无论德、才、学、识、智，我们在座的各位老师都可谓'俏'矣！然而你们与名无争、与利无争、与权无争，年年岁岁，默默耕耘。看着一批批吸取了你们的智慧又将离开你们的学生，想着'国家又多了一片绿洲'你们就满足，就幸福，脸上就绽开了灿烂的微笑。你们不就是那报春的红梅吗？我们一定会做烂漫的'山花'，带着老师的殷切希望开遍海内外，点缀神州的大好春色……"（引自李荣建《社交礼仪》）

　　这个学生的演讲表达了对老师的深情厚谊，崇敬之情溢于言表。演讲中的语言美体现在哪些方面？

案例三

真诚：打开家长心灵的钥匙

　　星期一小梁同学过了早自习才来，还不好意思地告诉我："订报纸的钱没带来。"看他的表情很不安，我问其原因。小梁说："我爸说订报纸没用，不让我订了。"我拍了拍他的肩膀，告诉我我知道了，让他好好上课。可是一上午小梁都心不在焉，情绪低落，也不跟同学玩耍。第二天，小梁没来学校，我意识到好像事情严重了。于是我打电话到小梁家，小梁妈妈接了电话，说："小梁昨天因为订报纸的事情跟他爸吵起来了，他爸生气了，不让他上学了。"我耐心地劝解，希望先让小梁回学校，有什么事情我们放学后沟通，但是最终没有成功。

小梁学习成绩不错，学习态度、习惯都很好，各科的老师都说他上课遵守纪律，也认真听课，属于教师眼里的好学生。以往，我在跟小梁的父母沟通过程中，没有发现太大的问题。我放学后直接到小梁家，刚表明来意，小梁爸爸就开始抱怨："怎么又让小孩子订报纸了？都义务教育了，天天交钱？竟敢跟家长顶嘴了，我们做家长的可从来没有教过孩子！你们学校不会教，我就让他在家，明天后天下星期都不让他去了，我们自己教！"我一听，也生气了，说："所谓义务教育，就是你有让孩子上学的义务，并且没有权利不让小梁上学，这是法律规定的。小梁明天一定得准时上学！"于是我和他爸爸理论了起来，最终小梁爸爸转身走开了。

此时，我也很想转身离开，但问题并没有真正解决，看来来硬的是不行了。我深吸一口气，让自己冷静下来后，想到了他们家中的特殊情况：小梁的母亲在他很小的时候就去世了。为了好好照顾他，小梁爸爸一直没有再婚。直到两年前认识了志同道合的王女士，也就是小梁的继母。婚后孩子的生活、学习都由继母照看，继母对小梁很好，母子感情很深。小梁爸爸很倔强，吃软不吃硬。我知道自己必须改变沟通的方式了。于是我决定先获得小梁妈妈（继母）的支持，再跟小梁沟通，了解问题的前因后果，然后寻找解决问题的方法。

于是，我先跟小梁妈妈道歉说，自己刚才有点太冲动了，话说得不合理，请她帮我向小梁爸爸转致歉意。然后我又说："小梁是我的学生，我要对他负责，让他心情愉快地去上学是我的责任。"我的诚意打动了小梁妈妈，与小梁妈妈的交流异常顺利。小梁妈妈说："明天一定先让小梁去上学。其他的事情我们再进一步沟通。"

第三天，小梁按时来到了学校，但是精神状态不好，订报纸的钱也没有交上来。我知道事情还没有完全解决。下课后我叫小梁到办公室，准备跟他好好谈谈。我问他前天是否跟父母发生什么不愉快的事情了。刚开始，小梁小声地说没有。我跟他说："我只是想帮助你，希望能够得到你的信任。"我静静地等着，终于小梁开口了。他说，他跟妈妈要钱订报纸时态度不好，爸爸让他好好说他不听，爸爸生气了告诉妈妈不给钱，妈妈在旁边劝说，他愤怒之下顶撞了妈妈。爸爸见后异常生气，可在叛逆期的小梁拒不认错，父子两个就闹僵了。昨天回去后，小梁又要钱，但是不认错，爸爸在教育无效的情况下就将怒火转嫁到了学校，并且不让小梁上学。

了解事情的缘由后，我也有点体谅小梁爸妈的苦心。小梁妈妈一直将小梁视为己出，真心地对待小梁，为他付出了很多，见孩子如此对她肯定非常伤心，也难怪小梁的父亲会把矛头指向学校。

我看着小梁垂头丧气的样子，知道他已经明白自己错了，于是我没有批评小梁，而是先肯定了小梁妈妈在孩子成长过程中的付出。再肯定了小梁在学校中的各项表现——聪明、学习成绩好、爱劳动，是老师眼中的好学生、同学心中的好榜样。而这些优异的表现是离不开妈妈的教导的。一个人必须要有一颗感恩之心，这是为人最基本的道德底线。然后请他自己说一说自己的行为表现。最终小梁哭了，知道自己错了。放学后，我们一起来到了他家，他主动跟妈妈道歉，也跟爸爸道歉。小梁爸爸已经冷静了下来，觉得迁怒于学校、老师不应该——也许是我的执着感动了他，也许是他感受到了我为了孩子的真诚的心。我和小梁的父母商讨事情的解决方法。最后，我明确告知小梁爸爸："我可以体谅你的心情，但是我绝不同意你的做法，不让孩子上学的惩罚是绝不应该的。"小梁爸爸也表示，这次是气疯了，下次再出现事情时一定先和老师商量对策，绝不会再这样做了。

第四天早上，小梁把订报纸的钱交到了我的手里，回头和同学们嬉戏起来。（引自刘晓佳，罗伟，毛雪松《教师的沟通素养》，有删改）

案例中学生小梁对父母言谈不当之处体现在哪里？后来发生了怎样的改变？教师"我"的家访刚开始时为什么不成功？后来为什么会成功？

📑 延伸阅读

[1]　袁涤非.教师礼仪[M].北京:中国人民大学出版社,2018.

[2]　李兴国,田亚丽.教师礼仪[M].上海:华东师范大学出版社,2013.

[3]　苏木禄.礼养和:礼之为用和为贵[M].北京:中国工人出版社,2015.

[4]　马海祥.公关社交礼仪[M].合肥:中国科学技术大学出版社,2014.

[5]　刘静,郑银雪.礼仪修养[M].济南:山东科学技术出版社,2014.

[6]　唐元棣.师范生人生与道德指南[M].南昌:江西人民出版社,1992.

[7]　舒静庐.学生礼仪[M].上海:上海三联书店,2014.

💻 视频链接

1. 中国大学视频公开课《中国古代礼仪文明》第十四课"处事以诚:礼乐皆得谓之有德(1)"。http://open.163.com/movie/2013/2/V/1/M93PLQCMQ_M97NHJ3V1.html。

2. 中国大学视频公开课《中国古代礼仪文明》第十五课"处事以诚:礼乐皆得谓之有德(2)"。http://open.163.com/movie/2013/2/Q/U/M93PLQCMQ_M993I2UQU.html。

3. 中国大学视频公开课《中国古代礼仪文明》第十六课"处事以诚:儒者品行冠世风范(1)"。http://open.163.com/movie/2013/2/H/G/M93PLQCMQ_M993IC5HG.html。

4. 中国大学视频公开课《中国古代礼仪文明》第十七课"处事以诚:儒者品行冠世风范(2)"。http://open.163.com/movie/2013/2/2/A/M93PLQCMQ_M993IG92A.html。

　　职场言谈需要礼仪，职场言谈礼仪是言谈礼仪的
重要组成部分。在职场交往中，说话能反映一个人的
素养与为人。那些看对象说话，分场合说话，表达清
晰、流畅、准确，言谈符合礼仪的人，往往更容易受
到职场人的青睐和欢迎。

　　本章分为领导言谈礼仪和员工言谈礼仪两节。领
导的言谈需要礼仪，这一节阐述领导在与员工交谈时
的礼仪，以及不合礼仪的几种言谈形式，并有适当的
案例分析。员工言谈也需要礼仪，这一节阐述员工在
与领导和顾客交谈时的礼仪，并有相应的案例分析。

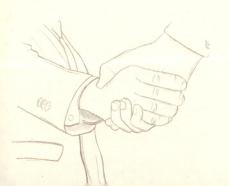

第一节　领导言谈礼仪

案例导入

公司新来了一名大学生，总是独来独往，表情僵硬，终日不见一丝笑容，也从来不主动跟人说话。同事们认为他难以接近，所以都有意疏远他；而那名大学毕业生似乎对此并不在意，依然我行我素。这一切都被科长看在眼里。作为一名富有经验的领导，科长凭直觉认为这个新同事心里肯定有难言之隐。基于这种判断，科长便处处留意观察，并利用一切机会接近他。每天上班时，科长总是热情地与他打招呼；每次下班，科长也不忘问他一句："怎么样，你晚上有什么活动？"

日子一天天过去了，科长锲而不舍的行动终于感化了那个新同事，他向科长吐露了自己的苦衷。原来，他刚失恋，痛苦得不能自拔。听完他的倾诉，科长语重心长地开导他："生活并没有对你不公，关键是你没有战胜自己的不良心态。失恋对你来说固然是个打击，但一切都可以从头开始呀。难道你一辈子待在这个阴影下面不出来吗？你可以不善待你自己，但你应该善待别人，尤其是你的同事。为什么要把你的不快带给别人呢？"经过科长一番耐心而热情的开导，那个大学毕业生茅塞顿开，从此解开了缠绕在自己心头的疙瘩，以崭新的精神面貌投入到工作中，和同事友好地相处。（引自严穆《没有口德，就没有品德：最受欢迎的口才修养与说话技巧》）

一、与员工的言谈礼仪

20 世纪 90 年代，斯坦福大学教授哈勒尔对毕业 10 年的企业管理硕士进行追踪研究，发现成就与学习成绩好坏无关，说话能力非凡几乎是功成名就者的共同点，这些人大都个性随和、健谈，使人容易亲近。成功的领导应具备良好的沟通能力，而良好的沟通需要讲究必要的言谈礼仪。

邵天声《〈演讲与口才〉文章荟萃》中总结了领导与员工谈话的四种功能：一是监督功能——借以获取管理工作进展的详情，监督各部门执行领导的决定；二是参与功能——借此研究执行决定过程中发生的问题，探讨和寻求解决办法，使领导由"视察"地位进入参与地位；三是指示功能——从中传递上级的指示或本人的决定；四是悉人功能——由此接触工作人员，了解他们本身的各种心理品质，做到谙人知心。那么，如何发挥好这些功能？这就需要领导掌握一些好的谈话方式。

（一）体现亲和力

亲和力是心与心的平等和互惠。具备良好的人际亲和力，易于消减上司与员工之间的隔膜，增进上司与员工的亲近感。

著名作家魏巍在《东方》中有这样一段话："'这是一场新的战争，比国内解放战争更要严酷的战争。要注意个别人是否有怯战心理。……'师长可能考虑到自己新提升不久，不适合对一位老战斗英雄用这样的口吻，才又改变了调子说：'老邓呀，你觉得是不是这样？'"这段文字是朝鲜战场上志愿军师长对团长邓军说的话。在当时的情境下，师长对团长本可以用命令的口吻下达指令，但考虑到是对一位老战斗英雄说话，于是改为商量的口气。这种改变是很得体的，师长的亲和力得以体现。

下面是一则体现领导亲和力的故事：某厂面向社会招聘厂长。在招聘会上3名应聘者讲述自己的治厂方案，代表们提问，应聘者当场答辩。其中一名女干部最终胜出，荣任厂长。以下是女干部与代表们的对话，充分展现了其亲和力：

问：你是个外行，靠什么治厂？怎样调动起大家的积极性？

答：论管理企业我并不认为自己是外行，何况我们厂还有那么多懂管理的干部和技术高明的老工人，有许多朝气蓬勃、勇于上进的年轻人。我上任后，把老师傅请回来，把年轻人的工作、学习和生活安排好，让每个人都干得有劲，玩得舒畅，把工厂当成自己的家。

问：咱们厂不景气，去年1年没发奖金。我要求调走，你上任后能放我走吗？

答：你要求调走，是因为工厂办得不好，如果把工厂办好了，我相信你就不走了。如果你选我当厂长，我先请你留下半年看有无起色再说。（话音刚落，立即全场爆发了掌声）

问：现在正议论机构和人员精简，你来了以后要减多少人？

答：调整干部结构是大势所趋，现在科室的干部显得人多，原因是事情少。如果事情多了，人手就不够了。我来以后，第一目的不是减人，而是扩大业务、发展事业……

问：我是一名女工，现在怀孕 7 个多月了，还让我在车间里站着干活，你说这合理吗？

答：我也是女人，也怀孕生过孩子，知道哪个合理、哪个不合理。合理的要坚持，不合理的一定改正。

女工们立即活跃了起来。有的激动地说："我们大多是女工，真需要一位体贴、关心我们疾苦的厂长啊！"

有人说，对于 21 世纪的管理者来讲，要使自己与组织立于不败之地，或有助于改善人际关系，其关键和诀窍就在于遵循"白金法则"："别人希望你怎么对待他们，你就怎么对待他们。"简单地说，就是不要以自我为中心，在想到自己的需求的同时也想想他人的需求，要学会真正了解别人，然后以他们认为最好的方式来对待他们，而不是我们中意的方式。这就意味着我们要善于花些时间去观察和分析身边的人，然后调整我们自己的行为，以便让他们觉得更称心、自在和愉快。此外，"白金法则"还意味着我们要运用知识和才能使别人过得轻松、舒畅，此时领导的亲和力不可缺少。

亲和力是尊重下级的表现，同时还是一种美德。在工作中，与下属保持适当的距离是必要的；对员工进行必要的批评、监督，也是管理的职责所在。但是，不论在什么情况下，都不要忘记对员工以礼相待，"管人先管心"，尤其要尊重员工的人格，要学会站在下级的角度考虑问题，体现一定的亲和力。与员工交谈时，领导还应具有细腻的情感、敏锐的观察力，注意说话的态度、方式以及语音、语调，激发员工表达的愿望，有时还可说一些幽默、风趣的话以打消对方的顾虑，从而拉近彼此的距离，赢得下属的欢迎和爱戴。

领导言谈体现亲和力，还应多说"我们"，少说"你"和"我"，以增强员工的认同感与主人翁意识。有这样一个故事：一家工厂面临倒闭，工人们怕自己的利益有损失，便全挤进了老板的办公室。老板倒是十分镇静，他注视着工人们，平静地说："大家都知道，咱们厂遇到了'瓶颈'。如今我就跟大家透个底，也跟大家商量商量，看怎样能把咱们的损失降到最低。如果把厂子卖了，就必须先还银行的贷款，这样咱们恐怕一分钱也拿不到手。工厂是咱们大家的，不如咱们成立一个专门委员会，把工厂的资金按照比例分给大家，以后咱们人人是股东，个个当老板。开始的几个月，必然会苦一点儿，但少拿点儿薪水，撑上几个月，如果翻了身，那么大家就一起赚了；如果翻不了身，那么到时关门也不迟。大家觉得怎样？"厂长一番苦口婆心的话让工人们一下子明白了，原来厂长一直都是自己人，时时刻刻在为大家的利益考虑，于是就十分爽快地同意了厂长的意见。

下面这则故事中的领导缺乏亲和力，导致员工离职。小李刚到一家公司任职不久，就发现一个令他十分厌烦的现象：他的直属领导在吩咐完任务之后，总是让他一字不落地复述一遍刚才所下的命令。一次，领导快速地说了一遍今天分派给他的任务，之后又像往常一样让小李复述。小李想了想，只说出了一两条，然后便再也想不起来了。领导听了之后一脸不耐烦的样子，说了一句"脑子干什么用的"，然后扭头就走。小李气不打一处来，真想冲进去让他再当面重复一遍刚才的话，然后把他骂个狗血喷头。但是，小李还是忍住了，心想："对方没有素质，我却不能失了口德。"不久，小李辞职离开了那家公司。

此外，谈话分正式和非正式两种形式：前者在工作时间进行，后者在业余时间进行。作为领导，也不应放弃非正式谈话的机会，此时氛围相对轻松，是表现亲和力，显示平易近人的良好时机。这里不再赘述。

（二）适时鼓励

鼓励是对他人表示肯定、赞许的一种礼貌语言。在人际交往中，善于发现、欣赏别人的优点，并适时地给予鼓励，常能起到雪中送炭、化干戈为玉帛的效果，从而缩短双方的心理距离，拉近彼此的感情。

领导的鼓励是认可员工价值的体现，给员工前进的动力，对于提高员工的积极性和参与度都有较大的帮助。找准时机，适时鼓励，特别是在员工遇到困难甚至犯错，或者取得成绩的时候，恰当的鼓励可能会收效很大，甚至让人心存感激。

下面两则故事被广为引用，都说明了鼓励的神奇作用。

琼斯是一家印刷厂的主管，有一天他收到一份印刷粗糙的印刷品，这出自一名新人之手。这个工人刚来不久，他害怕自己工作慢了完不成任务，就只好草草了事，没有注意到产品的质量，印出来的产品大多数不合格。班长看到后狠狠地批评了他一顿，说："如果你这样做，工厂的次品就太多了，会影响到整体的进度，那大家都只能面对失业了。"琼斯了解到这一情况，找到那个新工人说："我昨天看到你印刷出来的东西，印得还不错。小伙子，你做事情很有激情，每天都能印出这么多产品。要是大家都像你一样干劲十足，我们的工厂就不怕工作效率低了，希望你能好好地坚持下去。"新工人听了以后很是感激，以后工作起来更是干劲十足，印刷的效果也越来越好。

某家外企的部门主管，因为失误使公司损失了 100 万元，老板要求和他面谈，他想自己一定要被解雇了。让他没有想到的是，老板只是和他探讨了失误的原因，还鼓励他继续努力做好工作。他疑惑不解，老板说道："这 100 万元就当是我给你做的一个培训，现在你已经有如何避免 100 万元损失的经验了。这样的经验，拥有的人少之又少。如果我辞退你，那我这 100 万元就真的白浪费了。"

以上两个故事都是领导善于适时鼓励员工的成功案例。

若一名下属辛苦工作，却总是得不到肯定，他必然会对工作失去兴趣，对工作的态度也会由主动变成被动，还可能会对领导产生怨气。此时适时的肯定、鼓励尤为必要。下面一段对话反映出管理者不善于肯定员工，导致管理失败：

"麦克，你是怎么回事？怎么老是不能完成我交给你的任务？"

"老板，我已经很努力了，可是——"

"没有可是。你太笨了，这么简单的事情总是不能完成。"

"可是老板，我在别的方面很出色的。"

"什么？你在别的方面的工作是你应该完成的任务。"

"那么好吧，我看我还是辞职好了。"

领导应理解下属需要鼓励和肯定的心理，适时鼓励遇到困难的下属，肯定工作出色的下属，从而达到鼓舞人心和融洽关系的效果。

（三）善于倾听

谈话是双边活动，一方耐心倾听另一方的讲述，并予以适时、适当的反馈，能使谈话者乐于表达心声，从而使谈话更加融洽、深入。"兼听则明，偏听则暗"，交谈时不论员工来自哪里，领导都要给对方表达的机会，然后用心倾听，而不是自己夸夸其谈、唱独角戏，否则就失去了交谈的意义。

古人曾说："知屋漏者在宇下，知政失者在草野，知经误者在诸子。"领导多与下属接触，善于倾听他们的心声，往往能发现和解决一些问题，给企业或部门带来意想不到的收益。万豪国际酒店集团是享誉全球的国际酒店管理公司，其成功之道与企业领导善于倾听密不可分。小马里奥特是万豪国际酒店集团领导，他喜欢走动式管理，亲自去旗下的酒店巡视，以便能够直接倾听员工的声音，从而发现企业内部存在的问题。一次，他巡视旗下的一家酒店时，发现酒店餐饮部的服务员工作很不认真，对待顾客的态度也大多是冷漠的。为了解决这个问题，他找来酒店的经理进行沟通："为什么服务员的服务如此差劲？是否与薪水有关？"问完之后，他就耐心地倾听经理的解答。经理告诉他："这里服务员的薪水在行业内属于偏低水平，而调薪是由总公司统一安排的，我没有权力干涉。"尽管这次沟通很短暂，但是小马里奥特却通过倾听有了三个重要发现：第一，服务员工作热情不高是因为不满意薪水；第二，经理没权力提加薪要求，说明公司授权不够；第三，总公司忽视了对基层员工的关爱，说明公司的中层管理者没有做到有效地倾听下属的心声。在发现了这三个问题后，小马里奥特一方面组织公司高层管理者深入基层了解员工的心声，另一方面加大了对中层管理者的授权，让中层管理者拥有更大的权力，从对酒店的经营到员工的薪资问题都可以决定，并按照同行业的薪资水准为员工提高了薪水。小马里奥特采取的一系列措施迅速地解决了这家酒店存在的问题，让这家酒店的服务越来越出色，成为集团旗下经营得最成功的一家酒店。

倾听可分层次，较高层次的倾听不是指在对方谈话时附和着说"嗯""是的"之类，仅仅给对方传递"我同意你的观点""我在倾听你的谈话"这样的信息，而是指善于抓住对方话语中隐含的真正意图和目的，此时需要连对方的用词和句子表达也不放过。此外，领导在倾听员工讲述时，应注意自己的态度，充分利用表情、姿态、手势、插语和感叹词等，来表达自己对员工讲话内容的兴趣和对这次谈话的热情，从而鼓励员工表达心声。领导微微的一个笑容、赞同的一个点头、充满热情的一个"好"字，都是对员工谈话有力的鼓励。在听取员工讲述时，领导一般不应发表评论性意见。若要作评论，可放在谈话末尾，作为结论性意见，评论措辞要有分寸，表达应谨慎，宜多采用劝告和建议的方式，以易于员工接受和采纳。员工在反映情况时，常会批评、抱怨某些事情，而这在客观上又多是在指责领导，此时领导要头脑冷静、清醒，克制情绪，从善如流，有则改之，无则加勉。领导尤其不能一时激动，自己也滔滔不绝地讲起来，为自己辩解，甚至批评员工。

二、几种不当的言谈形式

（一）缺少必要的礼貌用语，以自我为中心

领导言谈时如果缺少必要的礼貌用语，以自我为中心，把别人排除在外，容易给人颐指气使、唯我独尊之感，让下属难以接受。

下面这则故事中的领导即不注意必要的礼貌用语，以自我为中心，让下属感觉没有受到应有的尊重，心生反感。老李是公司的高层领导，一次他到分公司检查工作。分公司的行政人员为了让他更好地了解情况，便全程陪同。一天下来，这名陪同人员气急败坏地向领导反映："再也不伺候那位爷了！"原来，在陪同过程中，老李总是毫无礼貌地说："喂，那谁，你说说……"接着用手指向这名行政人员的鼻子。"没见过这么张扬跋扈的领导，仿佛我就是一个听他指挥的机器人，随便用手一指，我就得心领神会，替他干这干那！"行政人员这样评价老李。其实，老李并不是不知道这个行政人员的名字，但他平时骄横惯了，总是用"喂，喂"来称呼下级。这个行政人员虽然职位不算高，但年龄比老李还要年长几岁，资历也很老，只是因为没有文凭才没有得到提拔。后来，这个行政人员将这些情况反映给了上级领导，以后每次老李再来基层检查工作，他便以工作忙或身体有病等理由推脱，不再陪同了。

福特汽车公司的创建者亨利·福特曾说："无聊的人是把拳头往自己嘴里塞的人，也是'我'字的专卖者。"领导言谈如果总是"我"如何如何，"我"字挂帅，不顾听众的感受与反应，会令听众心生厌烦和反感，这是以自我为中心所导致的。此外，领导言谈缺少礼仪，以自我为中心，还体现在随意打断下属的谈话上。一般来讲，除非对方讲话极其拖沓冗长，惹来不满或争议，领导最好尽量不打断他人说话，以体现领导对下属的尊重。

（二）言谈冗长，缺乏新意

一般情况下，领导的言谈应有话则长，无话则短，不重复、不啰唆，简明扼要。为此应注意去掉一些多余的话语，如口头禅"这个""那个""嗯""啊"之类，做到要言不烦。此外，还应避免干瘪、枯燥、毫无生

气、晦涩难懂的语言，言谈内容尽量多一些新意。例如，多说一些与员工同呼吸、共命运的贴心话；引用一些接地气的流行语，或说一些成语、惯用语、歇后语等口语化程度比较高的熟语，并适当运用修辞。这些是让员工更乐意接受的语言。

有这样一则故事：小王是单位里最年轻的领导，因为年纪轻，为人和善，也比较尊重前辈，因此大家都很喜欢他。尤其是他那句很鼓励人心的口头禅"还不错"，更是极受欢迎。一次，公司一名老员工气喘吁吁地冲进办公室，一屁股坐了下来，然后拿着手中的卡片扇来扇去，抱怨道："没见过这么'面'的司机！我比平时早10分钟出门，结果遇到一个拖拖拉拉的司机，赶上了一路红灯，害得我一阵猛跑，差一点儿就迟到了！""还不错嘛，"小王听见有人在说话便站出来说，"至少没有迟到啊。这么看来好像专门为你算好了时间呢。"刚才还气冲冲的老员工听到小王这样说，心里感到宽慰极了。然而，这句"还不错"并不是每次都能化腐朽为神奇。有一次，小王所带领的部门与另外一个部门进行企划比赛，小王和同事们都为这次比赛做了充足的准备，认为势在必得；然而到了最后关头，竟然有一个人不小心把自己的方案透露了出去，直接导致失败。为此，大家都很失落，因为错失了升职加薪的机会，还枉费了大家的努力，心里都在埋怨那名泄密的员工。这时，小王却对那名员工说了一句"还不错嘛"，可是再也说不出下文来了，当时同事们对那句话感到厌烦极了。故事中小王的口头禅缺乏新意，并且用在了不该用的地方，结果导致使用效果不佳，引发不满。

（三）批评时缺乏必要的技巧

领导同下属谈话，批评下属时应遵循一些基本的原则，例如避免抓住缺点不放、喋喋不休，甚至用言语打击下属、伤害对方。人们常说："人非圣贤，孰能无过？"领导批评下属时，可以用朋友的口吻，尽量做到语气诚恳、委婉，就事论事，对事不对人，掌握分寸、注意方法，体现对下属的尊重。

卡耐基曾说："当我们听到别人对我们的某些长处表示赞赏后，再听他的批评，我们的心里往往会好受得多。"这告诉我们，领导如要批评下属，可先肯定其成绩，然后再批评，最后提出希望。有人将此总结为"三明治批评法"，它一般包括三个层次：第一层是认同、赏识、肯定；第二层是建议、批评或不同观点；第三层则是鼓励、支持和希望。"三明治批评法"被称为最佳的批评方式，被广泛使用，它在肯定对方的优点或价值、维护对方自尊的前提下，提出有待改进之处，符合受批评者的一般心理，因此易被受批评者接受，并可能使受批评者得到激励。

下面这个故事被广为引用，很能说明"三明治批评法"的妙处。美国玫琳凯化妆品公司的创办人兼董事长玛丽·凯被人们称为美国大企业界最成功的人士之一。玛丽·凯一直严格地遵循着这样一个基本原则：无论批评员工什么事情，必须找出一点值得表扬的事情留在批评之前和批评之后说，而绝不可只批评不表扬。玛丽·凯说："批评应对事不对人。在批评员工前，首先要设法表扬一番；在批评后，再设法表扬一番。总之，应力争用一种友好的气氛开始和结束谈话。"有一次，她的一名女秘书调任别处，接任的是一名刚刚毕业的女大学生。新来的女大学生打字总是不注意标点符号，令玛丽·凯很苦恼。有一天，玛丽·凯对她说："你今天穿了这样一套漂亮的衣服，更显示了你的美丽、大方。"那名女秘书突然听到老板对她的称赞，受宠若惊。玛丽·凯接着说："尤其是你这排纽扣，点缀得恰到好处。所以我要告诉你，文章中的标点符号，就如同衣服上的扣子一样，注意了它的作用，文章才会易懂并条理清晰。你很聪明，相信你以后一定会更加注意这方面的!"女秘书一下子明白了老板的用心，从那以后，做事井然有序了，也不再那么马虎了。一个月后，她的工作基本上能令玛丽·凯满意了。

此外，批评语不是随时随地都可以使用，要分场合，考虑时间、地点、人物等因素。例如在众人面前，领导最好不要指责下属；如需批评，可选择单独的场合，避免伤及对方自尊，甚至引发对立情绪。

三、案例分析

案例一

有效沟通，消除误解

快下班了，我还是忙着老师们的工资，隐约听到隔壁办公室传来"杨老师，兴趣班也不征求我们的意见，其实我真的不想带兴趣班……其实我很听话的，她好像什么活都让我做，有时有一点点问题还很严肃地批评我……再这样下去，我下学期不要干了……"原来是对我有意见呢。

真是冤枉，我哪有对她态度很差呀? 只不过是她没有按照我的要求去做，我给她指出，让她以后做得更好些、更细心些而已嘛! 比如有时她资料上交不及时，带班时间到办公室去了……这些都是作为一个年轻教师容易出现的问题。作为管理层，难道不应该严肃地指出来吗？

回想她平时跟我的交流，我还是认为她是上进的，最起码骨子里有一种不服输的精神。这也说明她还是能引导好的，是可塑之才。带着这份冲动的心理，我认为我有必要跟她沟通：一来解除她心里的疙瘩；二来从意识上让她明确，工作中的失误必须引起重视，有问题只要改进，总会做好的。

我拨通电话。电话里的她说话很生硬，分明对我有很大的成见。我还是开门见山地告诉她我打电话的意图。她也很直接，跟我摊了一些她的看法：一是她觉得我的态度有些严厉；二是她觉得她很尽力，为什么还要批评她，而别人同样出现类似问题，我又有不一样的态度；三是别的老师说她太好说话，才造成我什么事情都让她干……诸多原因，造成她最近心情不好，所以觉得没法带兴趣班。

我给她的回复是：首先我对她的工作态度是肯定的，同时对她寄予了很高的期望；因为她是园长和我认可的老师。正因为如此，对她的要求也是不折不扣的。关于兴趣班的安排，之前没有跟我们沟通她的思想，再说一般兴趣班一学年肯定要带完整的。同时，我跟她沟通了我对带兴趣班的看法：我一直认为，带兴趣班可以提高自己，积累经验，这是资本。所以，我希望她继续坚持。

最后，我强调的一点是：我肯定她的工作态度，但对她在工作中的不足我还是要提出来的。她如果是上进的，应该能理解我的良苦用心。

近40分钟的沟通之后，她渐渐消除了对我的埋怨，也认可了我的态度。就这样，电话沟通结束了。（转引自刘晓佳，罗伟，毛雪松《教师的沟通素养》）

案例中作为管理层的"我"与员工的沟通为什么能够成功？经过沟通，今后"我"有没有需要改进的地方？

案例二

高原是公司新晋升的主管，他是从别的部门调来的，对本部门的很多事情还不太清楚。他自从上任之始，就谦虚待人，对待一些资历老的员工也很敬重，态度很真诚。老李是部门的主任，本来他认为自己是主任，空出来的主管位置应该就是他的。之前他还满心欢喜，想着这个位置就是他的囊中之物，可是没想到公司会从别的部门调人过来，这让老李有种"竹篮打水——一场空"的感觉。老李的心情不免有些失落，他对高原自然也没有好脸色。

这天，高原过来向老李请教工作方面的事情。高原的态度十分友好谦逊，见到老李立刻扬起笑容："老李，您好！我有些问题弄不明白，您是前辈，是这方面的专家，还望您不吝赐教。"可是，老李却不这么想，觉得高原这个人很虚伪，故作姿态，想要拉拢自己，于是就故意刁难他。本来一个步骤就能做完的事情，老李告诉他用两个步骤去完成。后来高原才从别的同事那里得知，这个程序用一个步骤就能做好。

同事对高原说，肯定是老李眼红你的位置，可是高原却说："可能是你误会了。我向老李请教的时候，他的态度很和气的，况且我还年轻，本来就需要历练的。"高原从同事那里听说了事情的原委，本来是老李坐自己现在的位置，现在老李对他的态度不好也就可以理解了。之后的时间里，高原每次和老李说话都是和颜悦色，谦虚恭敬，以晚辈的身份请教问题。时间一长，再加上老李本就是个心软的人，心中的结自然就解开了。老李开始敬佩起新晋升的主管高原，并全力以赴帮助高原。大家齐心协力，部门的业绩有了很大的提升。（引自何菲鹏《打开天窗说靓话：做一个善说善听善问的聪明人》）

案例中新晋升的主管高原为什么能够化解矛盾？请予以分析。

案例三

麦当劳是一家大型连锁快餐集团。有一段时间，麦当劳的餐饮业务飞速发展，搞得员工常常筋疲力尽，于是麦当劳的员工滋生出很多不满情绪，甚至严重影响了工作的进行。

面对这种情况，麦当劳的高层一开始表现出十分强硬的态度，对那些带头滋事的员工进行严肃的批评指责；但员工的不满情绪不但没有减弱，反而愈演愈烈。

后来，麦当劳改变了方案，提出为员工涨工资和增加福利，然而局面还是没有好转。最后，高层管理者进行探讨，制订出一个"临时座谈会"制度。座谈会不拘形式，以自由讨论为主，鼓励下属大胆讨论有关业务项目的内容。在会议中，大家可以畅所欲言，倾吐心中的不快，甚至可以利用这个机会指责他们的上司，直到把心中的不满和意见全都表达出来。当时，所有员工都抱着极高的积极性参加了座谈会。

会议中，麦当劳的管理层对各种问题进行记录、归纳、总结，不论是上情下达还是下情上达，都一路畅通无阻。最后，麦当劳的管理层及时了解了下属的心理状况，采纳了他们的合理化意见和建议。自从有了这一制度，员工们的情绪很快恢复了稳定，公司业绩从此蒸蒸日上。（引自严穆《没有口德，就没有品德：最受欢迎的口才修养与说话技巧》）

案例中麦当劳的管理层做出了哪些改变？收到了怎样的效果？

案例四

日本本田汽车创始人，世界著名企业家、日本实业家、工程师本田宗一郎被誉为20世纪最杰出的管理者。然而他也曾经因为疏忽，错失了一名人才。

当年，本田公司从美国聘请了一名能力卓越的技术骨干罗伯特。一次，罗伯特找到本田的办公室，兴奋地把他花了一年时间设计出来的新车型展示给本田，并且兴致勃勃地说："总经理，您看，我做的这个车型真的非常棒。如果能投入生产，上市后绝对会畅销的……"然而，本田那天却异常疲惫，他听见罗伯特在侃侃而谈，却始终闭着眼睛，没有力气提起精神来应答。罗伯特神采飞扬地讲了半天，见本田没有反应，就收起图纸，走出了本田的办公室。本田听见罗伯特往外走，赶紧起身喊住他；然而罗伯特却没有回头，径直走掉了。

第二天，为了表示歉意，本田亲自邀罗伯特喝茶，然而得到的却是罗伯特递交辞呈的消息。原来，罗伯特对于本田没有认真倾听自己耗费一年心血设计的车型感到愤怒乃至失望，于是决定离开本田公司。

后来，罗伯特去了美国的福特汽车公司，他曾经给本田讲述的新车设计受到了福特汽车公司领导层的高度重视。后来，罗伯特设计的新车投入生产并最终上市。这一车型给本田公司带来了不小的冲击。通过这件事，本田宗一郎深感倾听的重要性。他决定从此以后，用心倾听员工讲话的内容，从员工的角度去感受他们的心理，再也不怠慢任何一名员工。（引自樊绍烈《管理定律》）

这个案例给管理者什么启示？请予以分析。

💬 延伸阅读

［1］ 祖林.不会说话别当头［M］.厦门:厦门大学出版社,2012.

［2］ 蒋楠.公关沟通艺术:好好说话的 34 个原则［M］.北京:中国传媒大学出版社,
2011.

［3］ 刘斌.说话说到位全集［M］.长春:吉林大学出版社,2010.

［4］ 清渠.说话如何面面俱到［M］.北京:北京工业大学出版社,2009.

［5］ 武庆新.别输在不懂说话上:让你大受欢迎的说话技巧［M］.北京:北京工业大学出
版社,2012.

［6］ 刘平.高明的说话技巧［M］.北京:新世界出版社,2009.

［7］ 王贵水.瞬间打动人心的 88 个说话技巧［M］.北京:中国三峡出版社,2012.

［8］ 文天行.关键时刻好口才:瞬间让人刮目相看的说话技巧［M］.北京:中国华侨出版
社,2012.

［9］ 张振华.人生方圆:做事的技巧和说话的艺术大全集［M］.北京:中国工人出版社,
2013.

🖥 视频链接

1. 中国大学视频公开课《现代礼仪》第五课"职场礼仪（一）"。http://open.
163.com/movie/2011/10/R/7/M7GFJSVBV_M7J1JTQR7.html。

2. 中国大学视频公开课《现代礼仪》第六课"职场礼仪（二）"。http://open.
163.com/movie/2011/10/J/Q/M7GFJSVBV_M7J1KFIJQ.html。

3. 中国大学视频公开课《现代礼仪》第七课"社交礼仪（一）"。http://open.
163.com/movie/2011/10/E/K/M7GFJSVBV_M7JIT45EK.html。

4. 中国大学视频公开课《现代礼仪》第八课"社交礼仪（二）"。http://open.
163.com/movie/2011/10/H/D/M7GFJSVBV_M7JITMEHD.html。

5. 国家精品在线开放课程《社交礼仪与艺术》第九章第五节"演讲的定义和分
类"。https://www.bilibili.com/video/av11449324/？p＝48。

6. 国家精品在线开放课程《社交礼仪与艺术》第九章第六节"演讲的特征和表达
方式"。https://www.bilibili.com/video/av11449324/？p＝49。

7. 国家精品在线开放课程《社交礼仪与艺术》第九章第七节"演讲稿的准备"。
https://www.bilibili.com/video/av11449324/？p＝50。

8. 国家精品在线开放课程《社交礼仪与艺术》第九章第八节"演讲的注意事项"。
https://www.bilibili.com/video/av11449324/？p＝51。

9. 国家精品在线开放课程《社交礼仪与艺术》第九章第九节"演讲的评判标准"。

https://www.bilibili.com/video/av11449324/? p=52。

10.《现代礼仪》栏目《公关礼仪》第十集"礼宾与接待"。http://www.iqiyi.com/w_19rrc3vdit.html? list=19rroc2l56#curid=1003896409_3c100a2fb84824a58bf54d632b373921。

11.《现代礼仪》栏目《公关礼仪》第十一集"介绍与握手"。http://www.iqiyi.com/w_19rrc5d4sx.html? list=19rroc2l56#curid=1002240509_4233161d3c623cc02b2f9a74e0e5b0c8。

12.《现代礼仪》栏目《公关礼仪》第十六集"宴会"。http://www.iqiyi.com/w_19rrc5b17l.html? list=19rroc2l56#curid=1002272909_893f0f61c3f20f52eda515decf27f255。

第二节　员工言谈礼仪

案例导入

郑经理（心情还算不错）："小楠，麻烦尽快帮我订一张下午飞北京的机票。"

小楠："好的，可是我正在帮张经理订25号飞北京的机票。"

郑经理（有些莫名其妙）："这是两回事。顺便帮我订好旅馆房间，最好是在中关村附近的。比较急！"

小楠："好的，可是张经理的房间要求定在公主坟附近。"

郑经理（开始有被戏弄的感觉）："我说过了，这是两回事。你能不能先把机票的时间给我，我需要安排今天的行程。"

小楠："您稍等，我正在处理张经理的行程。"

郑经理（勃然大怒）："他是经理，我就不是经理了吗？我都火烧眉毛了，你懂不懂什么叫轻重缓急？"（引自吴朝晖，赵淑芬《职业素养训练》）

一、与领导的言谈礼仪

（一）认真倾听

在沟通过程中，每个人都渴望自己的言谈能引起别人的兴趣，并得到积极的回应，领导更是如此。沟通是双向行为，也就是既有表达的一方，也有倾听的一方，二者缺一不可。可以说，认真倾听是对领导表达的最好回应，表示下属对领导的谈话内容感兴趣，或者理解领导谈话的意图，抑或认同领导的谈话内容。

总的说来，在与领导沟通时，下属应该学会倾听，努力做到对领导的谈话感兴趣，并积极配合，适时传达这种兴趣。如果领导在饶有兴致地向下属讲述一个故事或者传达一个好消息，下属却反应平淡，不时看表或玩手机，抓耳挠腮、心不在焉，甚至打断领导的谈话，显示出不耐烦，那么领导表达的热情可能会骤减，下属在领导心目中的形象也会大打折扣。如果下属在领导谈话时做好一名忠实的听众，适时用言语或点头、眼神等回应谈话，那么领导的谈话被关注，表达欲随之被激发，此时领导也乐意向下属提供更多的信息。

下面这则故事中的张某就是因为认真聆听上司说话，并适时进言献策，获得了成功的机会。张某是部门新上任的主管。公司按例每月开一次中高层会议。可能这样的会议已成为一种惯例，大多数领导已经把这种会议当成一种形式。张某第一次参会，认真做了准备，带上了纸和笔。和他一起参加会议的还有一些和他一起上任的新主管，看着张某正襟危坐的样子，大家不禁都笑了。这次主持会议的是董事长的得力助手，商讨的是公司人事变动问题。其实，讨论这类问题已经不是第一次了，无非是各个部门的一些主管、领导之间职位的变动，大家都听厌了，只等通知就是。可是张某坐在后排，把这些人事变动的详情都认真记下了。这些被主持会议的董事长助手看在眼里。散会后，他让张某留了下来。"为什么会上大家都无所谓，你却记下了这些名字呢？"董事长助手问。"因为我觉得工作中一定要细心。我刚上任，以后肯定会麻烦这些前辈和领导，记下他们的名字才不会出错。"张某如实回答。"你想得真周到。我们现在工作的状况是，很多人都倚老卖老。董事长每次让我开会，我都是硬着头皮去，那帮人从不把我放在眼里。我是有苦说不出啊。"说完，董事长助手长叹了一口气。"这种会议的确不好开啊，毕竟参加的都是一些老将。也不知当说不当说，其实，如果您尝试一些新的会议形式，也许能激发大家的积极性，比如……"董事长助手听完后，觉得十分有理，就采取了张某的建议。果然，每月的例会开始有生机了。而在董事长助手的大力推荐下，张某很快升到了部门经理的职位。

（二）主动沟通

与领导见面，一句主动的问候，往往能获得领导的好感；工作中出现了困难，及时向领导寻求帮助，或许能得到领导的指教；出现了失误，及时向领导汇报，主动承认错误，也许能获得领导的谅解；领导遇到困难需要帮助时，下属主动了解，想办法加以解决，往往能受到领导的欢迎。这些都是员工和领导主动沟通带来的益处。

可是在职场中，不少人对领导敬而远之，相互不大了解和信任，而能与领导进行朋友式交流和沟通的更是少见，由此带来一些弊端。有这样一个故事：凌峰是一名新到公司的中层管理人员，上任仅3个月，就表现出了突出的才干。但他发现，自己的工作并没有得到充分的肯定和鼓励，反而招来了领导的质疑和不信任。于是他更加努力地工作，半年后又取得了若干显著的成绩。这时，领导找他认真地谈了一次话。在谈话中，领导首先表扬了他的工作业绩，然后提出了他存在的几个问题，其中最重要的一点就是缺乏沟通。例如，他很少主动进入领导的办公室，来跟领导谈一谈工作的进展情况。他有些不解："既然让我来做事，把事交给我就好了，为什么还要不断地和您沟通呢？有这个必要吗？"当他看到那些做出的成绩不如自己，但勤于和领导沟通的同事升职比自己还快时，他慢慢明白了学会和领导说话、主动与领导沟通是何等重要了。

下属尝试多与领导主动沟通，才有更多获得信任、被委以重任的机会，然后在众多员工中脱颖而出。下面这则故事很能说明这一点。张波与任雷同在一家广告公司工作，张波只想着把自己的工作做好，对任雷经常到老板办公室汇报工作的做法极为反感，认为他是在刻意巴结领导。一年后，张波的工作做得非常出色，甚至有些作品获了奖，张波对自己的前途很有信心。到年末的时候，部门经理的人选公布了，其中有任雷的名字，却没有张波。领导认为，任雷性格开朗，处世得体，有当经理的领导才能；而张波只会埋头苦干，不懂得与领导沟通，不适合任部门经理一职。

当然，与领导沟通时应注意有度、有礼。《红楼梦》里的焦大，是贾府资格很老的仆人，早年从死人堆里救过贾家老太爷的命。贾家感念其恩情，另眼相待；但他却因这件事倚老卖老，每次喝醉酒必口出狂言，无论谁都敢骂。终于有一天，焦大当着王熙凤的面在贾府门口骂大街，结果被绑起来塞了满满一嘴的马粪。这就是说话不知有度、有礼招致的。

（三）恰当使用委婉语

俗话说："一个篱笆三个桩，一个好汉三个帮。"身为下属，应当尊重领导，支持领导的工作。但是，对于领导安排的任务，有些做不到的事情，也可以委婉地拒绝，找一个实在的借口或托词，必要时透露实情，让领导明白下属的苦衷。但是拒绝时应注重礼仪，避免伤及对方的自尊。

委婉语不仅是一种修辞，而且表达一种尊重。在拒绝领导的要求时，还需要讲究一些方法：首先表示肯定，使领导对接下来的拒绝有一个心理缓冲；其次充分说明拒绝的理由，不能牵强附会，最好具体一些，让领导相信理由的真实性，然后给予理解；最后对领导表示感谢。

下面故事中的小元较好地使用了委婉语，因此收到了良好的效果。小元是一名秘书，工作勤恳，深得老板喜爱；但正因为如此，老板很多事情都喜欢交由小元独自处理。可毕竟小元只是一名秘书，很多事情能力不够，无法处理好。有一天，和老板关系非常要好的一个报界友人邀请他到一个编辑大会上发言，老板并没有做过编辑，对编辑工作一无所知，因此，他认为自己出席这样的会议不合适，于是把事情推给小元，由小元代为发言。可小元也没做过编辑，也不懂行，正准备拒绝老板，可想到直接拒绝不大好，于是他给老板讲了一个笑话："有一次，我在森林里遇见一个骑马的妇女，就停下来给她让路。没想到，她也停了下来，目不转睛地看着我。我问她为什么要盯着我看，她说：'我现在相信了，你真的是我见过的长得最丑的人。'我说：'你说的没错，可是我也没办法啊。'她说：'长得丑不是你的错，可是你可以不出门啊！'"老板不禁为小元幽默的自嘲笑了起来，同时也明白了他的意思，于是就不再勉为其难，而是直接给友人打电话拒绝了。这里，小元拒绝老板的方法很巧妙，用的是自嘲，结果达到了委婉拒绝的目的。

二、与顾客的言谈礼仪

在职场中，与顾客的交流应该注重礼仪。下面以销售员、汽车司机为例，谈谈员工与顾客的言谈礼仪。

（一）销售员与顾客的言谈礼仪

成功的销售包括了解顾客、接待顾客、出示样品、克服异议、完成推销等五个步骤。销售员的说辞一般要具有诱惑性、夸张性、风趣性和科学性等特点。下面是一些较好的言谈方式。

1. 适时地打招呼

俗话说："货卖一张嘴。"一般来说，销售员应"主动热情先说话"，这是使顾客从进店到离店都满意的一个重要环节。当顾客来到柜台前时，销售员要主动迎前搭话，询问顾客。下面四种招呼语给顾客的感受是不一样的：

（1）你要干什么？

（2）你要什么？

（3）你要买什么？

（4）您要看什么？

很显然，第一种含审问口气，很不礼貌；第二种使顾客有乞讨之嫌，也不妥；第三种开篇即把双方置于买卖关系之中，似乎"不买东西，就不应来这里"，容易使买方"望而却步"；第四种用"您"开头，体现尊重，问话显得温暖、热情，因此最得体，一是您要看什么，就给您拿什么，尊重顾客的意愿，二是问您看什么，并不强迫您买，顾客没有什么心理负担。

总的来说，不管是老主顾还是新顾客，销售员都应热情、周到、愉快地接待，用好招呼语。发现顾客注意某件商品时，销售员应主动向他做些介绍："这是今天刚上柜台的。""这是今年的流行款。"如果在接待顾客甲时，顾客乙来了，销售员要热情欢迎："您好！我马上就来。"

日本百货商场有六大基本用语："欢迎您光临！""谢谢您经常光顾。""我明白您的意思了。""请恕冒昧……""让您久等了。""实在对不起。"这些话都出于礼貌原则，是言谈礼仪的体现。

2. 让客户说话

对销售员而言，口才是很重要的。这可能会让人误以为好的口才仅在于如何说话，其实不然，让客户说话，销售员学会倾听，也是好口才构成要素中不可缺少的重要内容。如果销售人员搞"一言堂"，喋喋不休，那么想要了解客户的态度会比较困难，甚至还可能引发客户的反感。曾有这样一名销售人员，他一见到客户便高谈阔论，后来客户打断他的话，明确表示不喜欢他的谈话。这名销售人员后来反思道："经验证明，只有等对方开口发言，你才会知道他在思考什么问题。"因此，在进行销售活动时，要让客户有机会说话，借以弄清对方的需求、兴趣或态度。

世界著名推销员乔·吉拉德的故事曾被广泛引用，用以说明销售时倾听顾客心声的重要性。乔·吉拉德刚踏入推销领域时，认为推销员应该通过尽力说话来介绍自己、介绍产品。而在一次推销过程中，他体会到了听的价值远远大于说。有一次他与客户谈得很顺利，就在快签约成交的时候，对方却突然变卦了。乔不知道发生了什么事，对此十分不解。客户告诉他："你的失败在于你自始至终没有认真听我讲话。在我准备签约前，我讲到我的独生儿子即将上大学，而且提到他的运动成绩和他的抱负，我是以他为荣的；但是你当时却没有任何反应，甚至还转过头去用手机和别人通电话，于是我一生气就改变主意了。"

3. 用服务员的身份说话，多用敬语和委婉语

销售员以服务员的身份说话，如一句真诚的"您好""谢谢""再见""慢走""欢迎您下次光临"，常常能获得顾客的好感，在沟通感情的同时促成买卖。当出现特殊情况时，可以在分别时加上一些关照的话，例如外面下了大雪，销售员可以提醒顾客："您慢走。外面路滑，要小心。"例如外面下了大雨，销售员可以温馨提示："请把东西包好，不要淋湿了。"可以想见，这类关心的话在顾客那里都是暖心的，也体现出销售员的素养。

另外，销售员对顾客的生理缺陷或者忌讳都应用委婉语，体现尊重，而不是直说、明说，例如不要说："您太矮了，穿这条裤子穿不出效果。""您这么胖，我们店没有这么宽大的衣服。"

4. 以朋友的身份说话，回答问题时尽量避免否定式，多用肯定式

销售员以朋友的身份说话，回答顾客的问题也有讲究。例如顾客问："有××啤酒吗？""没有。"这是硬邦邦的回答，一下子拉大了与顾客的心理距离。如改用肯定式——"不好意思，现在只有××啤酒，可以吗？"显然就委婉多了，也让顾客更易于接受。销售员以朋友的身份说话，还可以适当地换位思考。例如客户想买却又犹豫时，销售员可说："假如我是您，我就会买，因为……"销售员用这种变换角色的方式来说服客户，容易被客户接受。

下面这则故事中的销售人员以朋友的身份说话，态度平和，最终促成了买卖。一个年轻人想买一台豆浆机，走到柜台前。这时销售人员走了过来："先生，您是想买豆浆机吗？"年轻人说："我就随便看看。""嗯，多

看看是好。不过，为了节省您的时间，让您买到中意的豆浆机，如果不介意的话，我可以为您一一介绍一下。"销售人员微笑地对他说道。年轻人看到销售人员诚恳的样子，便点了点头。然后销售人员一一给年轻人介绍了柜台上的各种豆浆机，并且还不时问起年轻人需要什么样的。最后，根据年轻人的需求，销售人员给他推荐了一台豆浆机。虽然价格比他当初预想的高了一点儿，而且当初他也不打算购买这个牌子的豆浆机，但由于这名销售人员平和、热情，他觉得买下这台豆浆机是一个不错的选择。

5. 激发顾客的兴趣

在销售过程中，有一部分客户一般不轻易开口，此时销售员需要激发他们的兴趣。客户保持沉默可能是有原因的，也许是拿不定主意，犹豫不决，这时销售员不妨先这样讲："先生，刚才我介绍了我们的产品，也许您有什么问题要问吧？"这样的问话能促使对方做出反应。或者这样说："您体验后会对我们的产品和服务比较满意的！"这也会使对方做出相应的反应。客户保持沉默还有可能是心情不佳，或者不善言辞，此时销售员可想些办法，如开开玩笑，转换一下话题，或就销售经历做一些生动形象的描述，达到活跃气氛、激发客户兴趣的目的；还可以适当问话，并做出积极回应，使客户乐于表达自己的见解或看法。此外，适时、恰当的赞美也能起到激发客户购买兴趣的作用。

有一个经理在创业年代经历了艰苦的奋斗，尽管现在事业有成，但仍旧保持简朴的习惯。他的汽车已经开了许多年，却一直舍不得换一辆新的。在很长一段时间里，没有人能成功地向他出售一辆汽车，原因就在于有的销售员对他说："您这辆车太旧了，跟您的身份不符。"还有的对他说："您这破车三天两头就要修理，得花多少钱啊。"这些话都让这个经理听来不大舒服。一天，一个销售高手找到了这个经理，他说："您的车还能再开好几年，现在换新车是有点儿可惜。不过，这辆车能够安全行驶这么久，您开车的技术真是高明啊！"接着，销售员向经理介绍了一款新车，说车的性价比很高，售后服务也会非常周到。最后，那个经理决定购买这个销售员推荐的那款车。这个销售员成功的原因之一，就在于他赞美、贴心的话激发了客户的购买兴趣。

6. 善于接纳客户的意见或建议

面对客户的意见或建议，销售员应虚心接受，最好不要急着争辩，更不能强词夺理。例如，顾客说："哎呀，怎么这样薄，恐怕不结实。"这时不要反驳："谁说不结实？薄的就不结实吗？"不妨先接纳顾客的意见，然后再做一些解释："是呀，薄是薄了点，但便宜呀；再说，现在的衣服只穿一两年就要换新样式，等到要换的时候也穿不破呀。"这样说，一方面尊重了顾客的意见，肯定其判断力；另一方面也说明了自己的意见，显得真实可信。又如顾客问："怎么这样贵？"如果回答"嫌贵就别买"或者"这还贵呀，那种更贵呢！"就会引起顾客的不满，打消其购买的念头。如果说："贵是贵了点，但您看这质量、这款式，货真价实，物有所值呀。花钱还不就是买个地道货，穿起来舒服、体面，您说是不是？"就有可能使顾客感到此物值得购买。如果顾客的意见很尖锐，销售员可以先肯定后转折，如："是这样，但是……"先同意顾客的观点，甚至赞赏他的眼力："这个问题提得好！""很高兴您提出这一点。"接下来再委婉地说明："虽然价格高了一点，但产品质量好，使用寿命长，而且使用起来十分方便。"这样说是扬长避短，顾客提到的缺点就被优点抵消了。

日本著名企业家松下幸之助的故事广为流传，他的成功与善于接纳客户的意见或建议不无关系。松下幸之助在向顾客推销时总是不卑不亢，说得句句真诚，从来不强买强卖，也不会蒙骗对产品毫无了解的顾客。他总是会认真听取顾客提出的每一个问题，然后认真仔细地回答。当完成交易后，松下幸之助还会询问顾客对他这次推销有何意见。有一次，松下幸之助碰到一个砍价高手，于是他这样说道："我的工厂是一家小厂子。在炎炎的夏日，工人们在炽烈的铁板上加工产品，每个人都汗流浃背，却从来没有抱怨过，这是大家好不容易才制造出来的产品。按照正常的利润计算方法，每件应该是×元。"听了这样的话，对方总算开怀大笑了，说："人们在推销时有很多种方式，有的像客人，有的像主人；有的像居高临下的贵族，有的则地位卑微。他们在讨价还价时总会说出种种不同的理由。但你说的不一样，你只是在认真推销，让人听了句句入情入理。好吧，我就按你出的价格买下来好了。"

（二）汽车司机与顾客的言谈礼仪

当今社会，交通便利，人们出行已离不开汽车。汽车司机队伍庞大，由于活动范围广，接触面宽，常与各种类型、身份的人打交道，其言谈礼仪也越来越受到人们的关注。下面以出租车或网约车司机为例，简单谈谈汽车司机的言谈礼仪。

1. 上车后

在乘客上车后，汽车司机讲好开头语，会给乘客留下良好的印象。

车子启动前看一下乘客是否都已入座，车门是否关好，是否系好安全带，言语要尽量简洁，如提醒一句："请您坐好！""请您把车门再用力关一下。""请您系好安全带。"问清地点后要说："您坐好，一会儿就到。"如果乘客是去车站、机场或参加活动，可以说："您放心，保证正点。"如果办不到，应事前说明："先生，对不起，时间已经来不及了，您看怎么办？"称呼乘客可以根据年龄、性别、职业等确定，应显得体。

2. 行车间

在行驶过程中司机不得与乘客交谈，这是规则。但一些乘客或是无意地或是不尊重司机，总要与司机唠叨。这时，司机不该生硬地说明："请不要交谈。"对乘客的问话，可迟缓一会儿，然后简单地用一些"嗯""啊"等语气词给予回答，减少对方的谈话兴趣，使对方意识到此时交谈不合时宜。

3. 下车时

此时要关照性地提醒乘客："别急！""别绊着！""车上还有东西吗？""开门注意后方来车！"此时乘客应主动向司机打招呼："××师傅，麻烦您了！""辛苦您了！""谢谢！"司机应回敬："不客气！"还可加上："欢迎您下次再乘坐我的车，再见！""慢走！"

三、案例分析

案例一

《触龙说赵太后》记述了赵国老臣触龙在强敌压境的情况下说服赵太后送幼子长安君去齐国做人质，以换取齐国出兵救援的故事。

公元前266年，赵惠文王驾崩，赵太后代掌国政，秦国趁机发兵攻打赵国。大敌压境，情势危急，赵国向齐国求救。齐国答应出兵，但提出"一定要用长安君来做人质"的苛刻条件。长安君是赵太后最宠爱的幼子，赵太后当然不同意。大臣们都知道，只有求助齐国出兵救援，才能挽救赵国的危难，于是纷纷强谏。赵太后爱子心切，不但不答应，反而怒斥大臣，声色俱厉地说："谁再说让长安君去做人质，我一定朝他脸上吐唾沫！"这样就形成了僵局。

这时左师触龙求见赵太后，太后怒气相迎，可是触龙初见赵太后时并不谈"用长安君做人质"的事，而是以饮食起居和父母之爱儿女等家常闲话引入，接着说"父母疼爱子女，就得为他们长远考虑"，动之以情、晓之以理，结果引发赵太后自己提出让长安君"到齐国做人质"换取齐国出兵，最终挽救了赵国。

为什么大臣们碰了壁而触龙却达到了说话的目的呢？请分析其中说话的艺术。

案例二

企业人力资源部主管李某在他的 5 年工作经历中不止一次遇到过这样的事情：一开始他只是听到了老板的表面意思，却和老板的真实内心想法背道而驰，结果失去了一次机会。于是，他吸取教训，平常多观察老板的举动，用心分析老板的言谈，真正捕捉老板的内心动机，用自己的心理来体会老板的心理，很快就了解了老板的真实意思。

有一次老板和他谈话，先是夸了他的业绩不错，认为他可以担当更重的职责；然后又说最近行业不景气，利润比去年下滑得厉害；最后问他如果他做部门主管会不会考虑裁员。当时他愣了一下，马上就凭第一感觉说不会，因为很多同事都是一起出生入死的。他清楚地记得当时老板脸色有点变，后来他的同事升为部门主管。事后他才想清楚，老板的意思就是想裁员。如果他用心分析企业的现状，不是凭个人感情用事，而是从老板的心理出发，站在企业发展的角度去考虑老板的问题，那么升职的就会是他而不是别人。

有了这个教训之后，他遇事多了一些思量，在不违背自己做人原则的基础上，也开始学着用心分析老板的心理，听老板的话中话。有一次老板要去欧洲出差，在去之前问他："你的英文和老外交流没问题吧？"虽然他对英语不那么自信，但他听懂了老板的潜台词——如果可以的话就和他一起去欧洲。他当然回答没问题，果然他获得了这次公干的机会，而英文上的不足他就在回家后补。

和老板一起在意大利的时候，他们拜访了一些老客户。老板对其中一个客户的产品明显很感兴趣，但价格有一点高。老板用咨询的口气问他，他给老板的回答是很不错，值得购买。其实他知道老板已经做好了买的决定，老板来问只是确定一下，他可千万不能扫了老板的兴，他需要做的只是满足老板的这种心理需求。果然，老板兴高采烈地和这家公司签约了。（引自林长青《做一个会说话的好下属》）

案例中李某与老板的交流有没有值得借鉴之处？请予以分析。

案例三

骆冰是一个幸运儿，大学刚毕业就进了一家外企，拿着高工资，让周围的人很羡慕。但这并不是偶然所得，她的确能力很突出。为此，她从不谦虚，更不理会那些师哥师姐们告诫的要在老同事面前谦虚谨慎的话。

骆冰是一个追求新潮和个性的女孩，在办公桌上贴满了自己喜爱的明星照片和自己喜欢的个性照。可是，她的顶头上司是一名40岁左右的古板女人，哪受得了骆冰的这些做法？于是，便三番五次找骆冰的碴儿，比如说办公桌上最好不要摆个性张扬的饰物和明星照片，否则容易分神，影响工作。骆冰听完后没想多少便回答："才不呢，经理，您这是不了解现在的年轻人，他们可是能边玩边把工作做好的一代哦。而且工作累了看看这些时尚的东西，也不失为一种很好的调节啊。您不妨也试试看？"经理听完倒是没说什么，以后也不再为这事说骆冰了。

在实习期间，骆冰就拿出了自己的水平，因为业绩突出，第一个月的奖金自然很高。女上司笑着对她说："刚工作便做出这样出色的成绩，可要请客哦。"骆冰听完，一脸掩饰不住的得意："这算什么啊，等一年后我有了更大的业绩，一定请你们去市里的大酒店大吃一顿！"

转眼，年底要到了，大家都开始忙起了年度评优的事。骆冰给自己算了一下，以自己的业绩，第一的位置非自己莫属，这个先进奖自然也应是自己的了。

结果，先进奖却被一个业绩次她一等但在人前一团和气的同事夺了去。骆冰有点想不明白，便直接去找了领导。女上司笑眯眯地听骆冰发泄完，说："我正有一个消息要告诉你，因为工作关系，你暂时被借调到分公司去工作一年。"骆冰一下子呆住了，这个所谓借调，其实是"遭贬"。有一些好心的前辈对骆冰说："其实你很优秀，但是我觉得除了学业、能力之外，你还要好好地学习一下如何说话和为人处世。职场不是校园，没有那么单纯，个性要有，努力要有，但与人说话也是极其重要的。一个人成功与否，有时候可能就会被一句话左右啊。"（引自龙凹《与领导沟通的10堂必修课》）

案例中骆冰的遭遇给人哪些启示？请予以分析。

💬 延伸阅读

[1] 智联招聘.职场说话那点事儿:从 do well 到 speak well[M].北京:人民邮电出版社,2013.

[2] 马银春.会说话也要懂礼仪[M].北京:世界知识出版社,2012.

[3] 潘文荣.女人要读点口才心理学[M].北京:中国纺织出版社,2015.

[4] 项前.60秒社交口才与口才礼仪训练[M].北京:中华工商联合出版社,2016.

[5] 汇智书源.成为优雅女人的第一本社交礼仪书:案例插图版[M].北京:中国铁道出版社,2015.

[6] 吉强.学会听领导讲话 学会跟领导说话[M].北京:中国纺织出版社,2013.

[7] 何菲鹏.打开天窗说靓话:做一个善说、善听、善问的聪明人[M].北京:中国华侨出版社,2012.

[8] 方圆.领导一定要知道的说话方略[M].北京:中国纺织出版社,2015.

🖥 视频链接

1. 《现代礼仪》栏目《公关礼仪》第三集"心态调整"。http://www.iqiyi.com/w_19rrc5fspp.html? list = 19rroc2l56。

2. 《现代礼仪》栏目《公关礼仪》第十二集"名片"。http://www.iqiyi.com/w_19rrc5d8ip.html? list = 19rroc2l56#curid = 1002231309_2c12b84757b0148434e615afd0b597d1。

3. 《现代礼仪》栏目《公关礼仪》第十四集"座次"。http://www.iqiyi.com/w_19rrc5avax.html? list = 19rroc2l56#curid = 1002268309_7ce79c4837af3684d797121a6a45eb86。

4. 《现代礼仪》栏目《公关礼仪》第十七集"西餐"。http://www.iqiyi.com/w_19rrc5fpqx.html? list = 19rroc2l56#curid = 1002312309_2ae97e5b1c60d58a2386076aeecae106。

5. 《现代礼仪》栏目《公关礼仪》第十八集"舞会"。http://www.iqiyi.com/w_19rrc5fpld.html? list = 19rroc2l56#curid = 1002312509_367ad4d70b1a72e6129b492ffbbe1d59。

6. 中央电视台第10频道《百家讲坛》栏目《金正昆谈现代礼仪》之"求职礼仪"。https://www.bilibili.com/video/av1952670/? p = 23。

第 五 章

电子媒介具有超越传统媒介的优越性。人类社会不断进步，科学技术飞速发展，从尺素书到电话机，到手机，再到电子邮件，及至今日联通世界的互联网，当前，日新月异的电子媒介正在不断刷新着人们的沟通体验。以电话为代表的电子通信具有实时、一对一交互、不可移动、按时按地资费的特点，而基于互联网媒介的交谈则有实时、交互、自由的特点。不论是电子通信，还是互联网交流，都需要注重相应的言谈礼仪。

电话言谈礼仪可以分为职场电话言谈礼仪和日常电话言谈礼仪。另外，人们也需要注重手机通话言谈礼仪。电子邮件作为书面化的电子沟通形式，其通信言谈礼仪一方面与传统书信大致相同，另一方面又有其独特要求。

互联网虚拟空间言谈礼仪虽然没有一定之规，但也具有一些一般性的约定。除了遵守基本的互联网公约之外，还应该领会互联网虚拟空间言谈礼仪的个性。

电子媒介虚拟空间言谈礼仪

第一节 电子媒介虚拟空间言谈概述

案例导入

　　第二次世界大战期间，美国军方要求宾夕法尼亚大学莫奇来（Mauchly）博士和他的学生爱克特（Eckert）设计以真空管取代继电器的电子数字积分器与计算器——ENIAC（electronic numerical integrator and calculator），目的是用来计算炮弹弹道。

　　这部机器使用了 18800 个真空管，长 50 英尺（1 英尺 = 30.48 厘米），宽 30 英尺，占地 1500 英尺^2，重达 30 吨（相当于一间半教室大、6 头大象的重量）。它的计算速度快，每秒可进行 5000 次加法运算，使用了 9 年之久。它"吃电"很凶，据传 ENIAC 每次一开机，整个费城西区的电灯都为之"黯然失色"。另外，真空管的损耗率相当高，几乎每 15 分钟就可能烧掉一支真空管，操作人员须花 15 分钟以上的时间才能找出坏掉的真空管，使用上极不方便。曾有人调侃道："只要那部机器可以连续运转 5 天，而没有一只真空管烧掉，发明人就要额手称庆了。"但这台笨重的机器却是世界上第一台计算机。1996 年 2 月 14 日，在世界上第一台电子计算机问世 50 周年之际，美国副总统戈尔再次启动了这台计算机，以纪念信息时代的到来。

　　从第一台计算机诞生至今，计算机正以惊人的速度发展着。首先是晶体管取代了电子管，继而是微电子技术的发展，使得计算机处理器和存储器上的元件越做越小，数量越来越多，计算机的运算速度和存储容量迅速增加。1994 年 12 月，美国 Intel 公司宣布研制成功世界上最快的超级计算机，它每秒可进行 3280 亿次加法运算（约是第一台电子计算机的 6600 万倍）。如果让人完成它一秒钟进行的运算量，需要一个人昼夜不停地计算一万多年。2013 年 5 月，由中国国防科学技术大学研制的"天河二号"超级计算机横空出世，运算速度成为了全球超级计算机 500 强榜单中的冠军，比第二名美国"泰坦"快了近一倍。（转自博客网页 http://blog.sina.com.cn/s/blog_66ae49ef0102wgl9.html，访问时间为 2018 年 4 月 10 日，有增删）

随着第三次科技革命的兴起，光电技术不断发展，电子计算机被广泛应用，以全球互联网为标志的信息高速公路极大地缩短了人类交往的距离，"地球村"让我们在弹指间即可联通整个世界。作为信息时代的"村民"，我们每个人都已经和电子媒介构造起来的虚拟空间有了交集。除了要和现实世界中的人打交道，我们还经常会和虚拟空间中的人交流沟通。光电技术和网络技术构造的虚拟空间可以使我们真正实现"天涯若比邻"。

一、电子媒介释义

"媒介"一词，《现代汉语词典》（第 7 版）解释为"使双方（人或事物）发生关系的人或事物"。在古代，"媒"是指做媒的人，《诗经·卫风·氓》中就有"匪我愆期，子无良媒"。没有中间的媒人，也就无法谈婚论嫁。在今天，"媒"衍生出了许多新的搭配，外延也在不断扩大。"媒体""新媒体""媒介""电子媒介"等日常随口道来的词，已经比媒人一词更为亲切了。这些"媒"，无关乎人情往来，只需要光电技术。

电子媒介广义上包含了广播、电视、电话、电子邮件、互联网等多种媒介形式。当前，我们用来进行交流的常用媒介以电话和电子邮件作为通信媒介代表，以互联网为社交媒介代表。当然，互联网的各种衍生平台本身也具有通信的功能。

二、电子通信媒介发展历程与言谈特点简述

关于电子通信媒介的发展历程，可以从电话的发明和使用说起。电话是贝尔在 1876 年发明的。它从发明至今在技术上始终不断改进：贝尔发明的电话是十分简易笨重的；后来，爱迪生根据电磁效应，制成了炭精送话器，显著提高了通话质量。早期的电话都是采用听筒和话筒分离设计，使用时需要"双手齐下"。20 世纪 30 年代，工业设计师亨利·德雷福斯将听筒与话筒整合在一起，并设计出了拨号盘，第一款现代电话 MODEL 302 诞生了。后来，电话的造型和硬件不断改进，又出现了无绳电话、子母机电话等。

电话通信，是指利用电信号的传输使两地的人互相交谈的通信方式。有了光电作为媒介，古今的通信方式已经截然不同。请看以下几组材料。

材料一

二世元年七月，发闾左谪戍渔阳，九百人屯大泽乡。陈胜、吴广皆次当行，为屯长。会天大雨，道不通，度已失期。失期，法皆斩。陈胜、吴广乃谋曰："今亡亦死，举大计亦死，等死，死国可乎？"陈胜曰："天下苦秦久矣。吾闻二世少子也，不当立，当立者乃公子扶苏。扶苏以数谏故，上使外将兵。今或闻无罪，二世杀之。百姓多闻其贤，未知其死也。项燕为楚将，数有功，爱士卒，楚人怜之。或以为死，或以为亡。今诚以吾众诈自称公子扶苏、项燕，为天下唱，宜多应者。"吴广以为然。乃行卜。卜者知其指意，曰："足下事皆成，有功。然足下卜之鬼乎！"陈胜、吴广喜，念鬼，曰："此教我先威众耳。"乃丹书帛曰"陈胜王"，置人所罾鱼腹中。卒买鱼烹食，得鱼腹中书，固以怪之矣。又间令吴广之次所旁丛祠中，夜篝火，狐鸣呼曰："大楚兴，陈胜王。"（节选自司马迁《史记·陈涉世家》）

这则材料是说先秦时期秦始皇暴政失民。陈胜、吴广等穷苦的民众被发配戍边，途中遇到大雨，眼看误了期限，被暴君杀头的遭遇在所难免，陈胜、吴广约定借用扶苏和项燕的名义号召起义。他们想到了用"鱼"来作为通信媒介，把写有"陈胜王"的书信放到鱼肚子里，借以告诉大家"王侯将相宁有种乎"，号召大家起义反秦。这种"鱼传尺素"的方式在古代诗文中经常出现，如：

客从远方来，遗我双鲤鱼。呼儿烹鲤鱼，中有尺素书。长跪读素书，书中竟何如。上言加餐食，下言长相忆。（节选自蔡邕《饮马长城窟行》）

雾失楼台，月迷津渡。桃源望断无寻处。可堪孤馆闭春寒，杜鹃声里斜阳暮。 驿寄梅花，鱼传尺素。砌成此恨无重数。郴江幸自绕郴山，为谁流下潇湘去。（秦观《踏莎行·郴州旅舍》）

古代通信媒介，除了鱼，还有马、雁和鸽子等。在电视剧中常常有"八百里加急"的情节，实际上这是古代最快的通信方式之一。古代的文书如果注有"马上飞递"的字样，一般要通过两两相隔20里的驿站，每天至少用快马递送300里，最快达到800里一天。正如岑参在《初过陇山途中呈宇文判官》中写的那样："一驿过一驿，驿骑如星流。平明发咸阳，暮及陇山头。"除了快马，还有鸟类也可以作为通信媒介，古埃及人在公元前3000年左右就开始用鸽子传递书信了。在隋唐之际，中国南方已经开始使用飞鸽传书。当然，这些用来通信的鸟类是需要经过专门的训练才能完成点到点的通信的。快马如星，飞鸟似箭，但这还远不及光电"跑腿儿"来得快。

材料二

电话出现后，也出现了专门的接线员。接线员负责转接电话，特别是传呼式电话，往往需要专门的接线员。

贺阿翠，77岁，坐在传呼亭内，守着两部传呼电话，有一搭没一搭接个来电，搁下电话，朝弄堂里某扇窗喊一声。"一个星期一二十通电话。"阿翠言语间有些怀念过往的"辉煌"："那时候，每天都有几十通电话，我跑到脚酸，叫到口干。"30多年前"内退"后，阿翠在黄浦区面筋弄的传呼电话亭司职接线员，每天上午7点就到岗，直到晚上7点下班，一年365天风雨无阻。（节选自《国际金融报》2015年8月10日第8版）

1949年前夕，北京市内电话分支局共12处、局营公用电话共41处。新中国成立后，北京26个邮政支局全部安装了公用电话。由于经济水平的限制，公用电话成为北京市民与他人沟通的重要通信手段。

"那时，七八个胡同才有一部传呼式公用电话，接个电话经常要跑上几个胡同。"家住东城区王府井大纱帽胡同的赵大妈告诉记者，因为电话的稀罕，就是接个电话也会高兴很长时间。除了满足附近居民的需求，这部传呼式电话最主要的服务对象就是位于胡同中的小工厂，因为当时的普通工人几乎不能使用厂长电话，而他们的需求只能通过传呼式公用电话来满足。（节选自阿里云网页 https：//www.aliyun.com/ zixun/content/2_6_885403.html，访问时间为2018年4月10日，原文由《商报》记者毛涛涛撰写）

电话通信最开始是以公用传呼电话的形式出现在人们的日常生活中的。尽管需要接线员专门负责传呼，来回要跑上一段距离，但是传呼式公用电话还是极大地便利了人们的通信交流。有了它，人们不必再等上十天半月去收发纸质信件，只要花十来分钟跑到公用电话亭就能和远在天边的亲友交流感情，跟同事处理业务。这种通信速度是快马和飞鸟无法达到的。后来，电话开始成为人人皆有的必备物品，这就使得人们的沟通交流更加便捷、及时。

材料三

　　曾经，住宅电话是身份、地位的象征。小时候住的怡始里后弄堂的陆家就有宅电，……20 世纪 80 年代之后，宅电渐渐走入百姓家里，市民排队申请安装，三四千元的安装费仍然挡不住人们申请的热情，真的有点像如今申请轿车牌照。进入 90 年代，住宅电话大扩容。记得我家是在 1990 年安装宅电的，当时安装费已降至一千元。阿园有福，她一出生家里就有电话，没过几年家里又多了一部爱立信手机。1997年，全市一年就安装了住宅电话 70 万门。自该年起，全市的传呼电话业务量开始逐年下降。截至 2000 年底，上海全市共有传呼电话服务站近 4000 个，电话 1.2 万部。随着住宅电话的普及和移动通信的发展，上海的传呼电话自 21 世纪初开始逐渐退出市民生活。（节选自《老上海记忆：传呼电话》http://www.360doc.com/content/13/1007/08/5373706_319519388.shtml，访问时间为 2018 年 4 月 10 日）

住宅电话让家家户户可以享受实时远程沟通的便利。随着社会生活水平的提高，传呼式电话已经逐渐淡出了人们的视野。近些年，手机和掌上设备开始普及，可视电话、车载电话、平板电脑、电话手表等新的通信产品不断出现，它们不仅在设备和技术上全面刷新了传统的座机式电话的功能，还在更深层次上对现代社会人们的沟通交流方式有着革命性的意义。

以电话为代表的电子通信媒介在言谈交流上最主要的特点是具有实时性、一对一交互性、不可移动性以及按时按地资费等。

实时交流，实际上是现代通信的基本要求。这是相对于传统的通信交流方式而言的。古人鸿雁传书、飞马传书，相互交流往往是用书信你来我往，有时甚至音信有去无回。光电的速度可以在瞬间跨越千万里，借助光电通讯，整个地球上的人们都可以畅谈无阻。现在的电话通信不仅在国内全面覆盖，还能跨越国界，完成国际长途通话。

一对一交互，是指电话可以让拨打者和接听者一对一交流。当然，电话具有免提功能，可以实现一对多的信息传递。不过，这种功能只是相当于升级的广播，它的常见功能是一方说、另外一方或几方听。此外，由于没有可视化的界面，电话无法办到同一时间内的完全交互。在不违背礼节的情况下，网络可以通过多种媒体让交谈双方实现完全交互，一面显示文本，一面呈现图像和声音。

不可移动性，主要是指电话（特别是早期的电话）基本是固定在特定的物理位置上，不大能够移动。后来出现的无绳电话在可移动性上也是受限的，一般不能离开座机太远的距离。这样，交流双方只能在各自特定的物理空间内完成通话，不能随时随地取得联系。不可移动性另一方面也会带来稳定性，通信接口一经固定，一个电话号码基本是不会随意更换的，这也是很多企事业单位在手机、电脑普及的情况下仍没有淘汰电话的原因之一。

按时按地资费是电话业务商业性的体现。电话通话一般会以分钟数为单位征收通话费用，同时还会征收长途通话费。这种按时按地资费有时会影响到人们的交流，如当对方是省外打来的电话时，一般要长话短说，不拖延等待。

当然，手机的出现正在突破这些特点，特别是智能手机，已经成为了掌上电脑。手机借助特定的软件应用可以实现实时、多对多、免费、便携式交流。此外，电子邮件虽然也属于电子通信，但它的产生和普及却和电话本身没有太大的关系，而是与互联网的发展密切相关。

三、互联网媒介发展历程与言谈特点简述

人们对互联网的使用，之所以能够形成社会交往而不仅仅是获取信息，最关键的因素就在于互联网媒体平台的兴起。在传统媒体盛行的时候，报纸杂志、电视广播等媒体都只是信息的传达方，国家和机关单位将相关的内容制作编辑，统一对外发布，读者、观众、听众只能通过这些媒体被动地接收信息，而没有办法在上面表达自己的信息、创造自己的内容。当互联网出现之后，通过一些新的技术手段，一些公共的信息平台出现了。这些信息平台就像生活中的一块公共黑板，人人都可以在上面张贴自己的内容、评论他人的内容，甚至站在黑板前结识一些新的朋友。

最先出现在人们视野中的，是网络论坛。网络论坛即 BBS，英文全称是 Bulletin Board System（电子公告板）或者 Bulletin Board Service（公告板服务），是互联网上的一种电子信息服务系统。它提供一块公共电子白板，每个用户都可以在上面书写、发布信息或提出看法。它是一种交互性强、内容丰富、即时的互联网电子信息服务系统。论坛的建立，通常围绕某一

类主题，将互联网上关注这类主题的人聚集在一起。论坛的功能，包括公布信息、发布资料，也可以分享个人观点、引发讨论和互助。以中国知名论坛天涯社区为例，天涯社区分为娱乐八卦、情感故事、经济、杂谈等数个主题模块，凡是相应主题的内容，用户都可以发布在论坛里，其他用户可予以回应和交流。

可以说，正是从论坛的出现开始，"网民文化"逐渐形成发展起来，越来越多的人通过网络论坛获取信息、发表言论、讨论交流。一方面，在现实生活中不能立即获得和看见的信息，不论是音乐还是图像、新闻或是故事，甚至心情状态、坊间传言等，都得以在论坛上迅速地传播和交流；另一方面，互联网用户在面对彼此时是匿名的，在隐藏了真实的身份信息后，来自五湖四海的人可以更无顾虑地各抒己见。这就使得互联网上的言谈行为在一定程度上打破了现实生活中的固有规则，并随着话题的制造和传播、新兴事物的出现、不同人群的密切交往而形成新的交往规则、群体称呼和文化特性。人们将论坛发帖人称为"楼主"，将跟帖人称为"层主"，将上传资料的用户称为"up主"，诸如此类的新词新语由此产生。

自论坛之后，一代又一代互联网产品开始赋予用户更多的自主权利。到目前为止，微博为人们提供了公共话题共享和讨论的大平台；QQ和微信则创造了更加贴近用户私人生活的虚拟社交空间；问答社区和短视频工具的出现，给了人们更广泛的自我创造实现的可能。

综上来看，网络环境下的交流具有开放性、交互性和自由性的特点。

网络虚拟空间是一个开放的空间，它打破了时间与空间上的界限。网络成为信息的"万花筒"，使超地域的沟通变得轻而易举。它带来了网络环境的多元化。网络的发展跨越时空，使计算机真正成为连接在网络上的终端，成为人们互相访问和交流的工具。这就使得使用网络的人们相互之间可以不受空间阻隔地传送信息，进行交流。

网络虚拟空间交流还得益于网络本身的交互性。网络用户可以实时参与交流，这种参与可以是有意识的询问，也可以是随机的、无意识的点击等行为。不同于单向性传播，网络可以交互，不仅是一对一地交互，还可以一对多、多对多地时时交互。网络的建立为信息交流提供了极大的方便，使跨地区、跨国界的多种形式的交流成为可能。人们不再满足于只是被动地接受信息。

网络虚拟空间的交流还具有自由性，参与网络的个人或组织可以在网络中表达自己的意愿和做出行为。美国学者尼葛洛庞帝说："信息高速公路的含义就是以光速在全球传输没有重量的比特。"互联网世界是个信息极其丰富的百科全书式的世界，来自各种不同信息源的信息以几何级数不断增长。在互联网上，人们可以自主选择需要的信息，发表自己的观点。

在网络虚拟空间中，人们可以发表看法（如微博）、交流心得（如贴吧、论坛）、求得帮助（如众筹）、展示自我（如短视频 APP）……当然，从另外一个方面来讲，人们在互联网上能够做的事情越多，同一事件所聚集的人群越复杂，就越需要相应的规则和礼仪在其中进行调节。

延伸阅读

［1］ 曾长秋，万雪飞.青少年上网与网络文明建设［M］.长沙:湖南人民出版社,2009.

［2］ 吴克明.网络文明教育论［M］.长沙:湖南师范大学出版社,2005.

［3］ 张真理.网络文明引导工程研究［M］.北京:知识产权出版社,2013.

［4］ 李文明，吕福玉.网络文化通论［M］.北京:学习出版社,2012.

［5］ 晨曦.商务电话礼仪［N］.人民日报,2001-05-25.

［6］ 金正昆.电话礼仪全公开［J］.秘书之友,2009(12):43.

［7］ 王永宏.电话礼仪知识［J］.秘书,1994(6):43.

［8］ 王建容.电话礼仪的"四要"与"四不要"［J］.秘书,2001(5):16-17.

视频链接

1. 现代礼仪教学《通信网络礼仪》（1）。http://baidu.wasu.cn/watch/03982147627004744879.html? page = videoMultiNeed。

2. 现代礼仪教学《通信网络礼仪》（2）。http://baidu.wasu.cn/watch/04408232765362276844.html? page = videoMultiNeed。

3.《甘青小伙伴 网络文明行》宣传片。http://baishi.baidu.com/watch/8449419645786756226.html。

第二节 常见电子通信言谈礼仪

案例导入

1873 年，美国波士顿大学教授贝尔开始研究在同一线路上传送许多电报的装置——多工电报机，并萌发了利用电流把人的说话声传向远方的念头，使远隔千山万水的人能如同面对面一样交谈。

1875 年 6 月 2 日，贝尔和他的助手沃森分别在两个房间里试验多工电报机，一个偶然发生的事故启发了贝尔。沃森房间里的电报机上有一个弹簧粘到磁铁上了，沃森拉开弹簧时，弹簧发生了振动。与此同时，贝尔惊奇地发现，自己房间里电报机上的弹簧颤动起来，还发出了声音。这说明，是电流把振动从一个房间传到了另一个房间。贝尔的思路顿时大开，他由此想到，如果人对着一块铁片说话，声音将引起铁片振动；若在铁片后面放上一块电磁铁，铁片的振动势必在电磁铁线圈中产生时大时小的电流。这个波动电流沿电线传向远处，远处的类似装置上不就会发生同样的振动，发出同样的声音吗？这样声音就沿电线传到远方去了。这不就是梦寐以求的电话吗？

贝尔和沃森按照新的设想制成了电话机。在一次实验中，一滴硫酸溅到贝尔的腿上，疼得他直叫喊："沃森先生，我需要你，请到我这里来！"这句话由电话机经电线传到沃森的耳朵里。就这样，第一部电话很快诞生了。1876 年 3 月 7 日，贝尔成为电话发明的专利人。他还设想将电话线埋入地下，或悬架在空中，用它连接住宅、乡村、工厂……这样，任何地方都能直接通电话。今天，贝尔的设想已经成为了现实。　　　　（转自博客网址 http://blog.sina.com.cn/ s/blog_66ae49ef0102vs0b.html，访问时间为 2018 年 4 月 11 日，有删改）

通信，一般指信息传递。古代社会，通信方式很受限制；除了当面交谈，要进行信息传递一般是用文字把要说的话记录下来，最初是记录在特制的木片（木牍）和竹片（竹简）上，被称为尺牍书。要知道，不论是木片还是竹片，这些尺牍书都是十分笨重的。一封信写下来往往不下数百根简牍。制作、运输、传递、接收和保存都很不方便。后来，人们又把文字写在锦帛上，叫尺素书。再后来，纸的发明让纸质书信得以传递，使得书信载体变得简易轻便。不过，古时最快捷的通信方式也不过是快马传信、飞鸽传书，人们所凭借的通信媒介基本只能是人力或者比人迅捷的动物。正所谓"欲寄彩笺兼尺素，山长水阔知何处"，传统的通信方式无法越过山长水阔的空间去通达彼此的心灵。

现代技术革命给人们的通信找到了新的"媒人"——电子通信。以电话为例，电话的原理是用电流的强弱来模拟声音大小的变化。也就是说，可以用电流传送声音；而电流信号可以通过金属线或者以无线信号的方式长距离输送。因此，电话可以使我们超越空间的限制实现沟通交流。今天，电话已经成为人们最常用的交谈工具之一，从普通民众到国家元首，从日常琐谈到官方商讨，人们很多时候都需要使用电话通信这样的现代通讯方式。

一、电话通信言谈礼仪

当今，电话通信已经全面普及。人们在日常使用电话交谈的过程中也逐渐形成了一些约定俗成的规则，这些规则被认可为电话通信言谈礼仪。它们很多时候对沟通的有效性起着至关重要的作用。因此，我们必须了解并掌握这些电话通信言谈礼仪。

由于交谈对象和交谈内容的不同，电话通信言谈礼仪的要求也会有一定的差别。一般大致可以区分为职场电话通信言谈礼仪、日常电话通信言谈礼仪两种情况。

（一）职场电话通信言谈礼仪

电话交谈实际上是一种双向实时通信，其最常见的传递方式是通过声音实现点对点的信息传递。在这个过程中，我们把要说的话通过声音信息编码，转换为电流信息传送到接收人的电话机上，再重新转换为声音，被接收人收听。与面对面交流不同，面对面交流时借助体态语和现场情境可以最大限度地减少信息流失，最大限度地避免误解；但电话交谈由于没有面对面交流的可视化场景，所以，很多信息会随着声音的传递而流失掉。这就需要特别注重对声音信息的编码（表达）和解码（理解）。尤其是对于职场中的电话交谈来说，这其实是一门说和听并重的艺术。

1. 确认通话对象

电话交谈不同于面对面交谈，它首先需要通过拨号的方式连接到你的交流对象。很多人往往忽略了确认交谈对象这一环节，理所当然地"开门见山"了。下面这则笑话就反映了这种情况：

小张的单位离家很近。一天，他正上班，收到妻子发来的短信："要下雨了，你回家快把衣服收了。另外，我的快递到了，顺便领一下。"正在工作忙乱之际的小张看到信息后立马打了一个电话:"我都快忙死了,别没事找事!"这时,电话那头传来一个声音:"小张,对我布置的工作有意见吗?请来我办公室谈谈吧。"小张听后一看号码,原来打给了本单位的领导。

要知道,这种忽略轻则带来尴尬、闹出笑话,重则可能泄露职场信息,破坏既定的工作任务,或者上当受骗。当然,除了确认拨出的电话是否正确,接到的电话也应该确认是否正确。一般来说,亲朋好友的电话可以通过声音来辨认,但职场上很多情况下是和陌生对象打交道,这就需要认真确认对方身份,否则有可能误入电话骗局,如:

> 电话接通中……
>
> **骗子:**喂!
>
> **小王:**你好!
>
> **骗子:**小王,你知道我是谁吧,明天到我办公室来一趟。
>
> **小王:**您是?
>
> **骗子:**连我的声音你都听不出来,我是×处长。
>
> **小王:**哦哦,你好,×处长!
>
> **骗子:**嗯,是这样,我本来打算让你明天来我办公室,但怕临时到不了,我的飞机晚点。现在我身上没有带卡和现金,你先给我转5000元应急。
>
> **小王:**……

这段对话中,小王没有很好地判别来电对象。类似的电话诈骗还有很多种,如冒充熟人、冒充"公检法"人员、冒充购物网站客服、冒充银行职员、冒充兑奖机构、冒充通信公司、绑架恐吓等。根据公安机关的统计,有20余种。因此,确认通话对象不仅能帮我们顺利地完成交谈,给对方带来良好的沟通体验,还能避免尴尬,规避受骗的风险。

2. 注重通话的开始和结尾,合理应对通话中的突发情况

生活中,要注意首因效应和近因效应。交流中的首因效应指的是交流双方由第一次的交流而产生的一种先入为主的印象,它往往会非常鲜明而牢固。交流中的近因效应则是指人们对交谈的末尾部分的记忆效果优于中间部分的,特别是在较长时间的交流中,近因效应的效果会比较明显。很多职场人士哪怕没有达到目标也会在电话交谈的末尾努力让对方形成好的沟通印象，就是这个道理。

那么，注重通话的开始和结尾，合理应对通话中的突发情况，具体要注意哪些呢？

（1）拨打电话时。

第一，要仔细核对拨打的号码，避免拨错电话。

第二，一般应当先自报家门。"您好！我是××，请问××在吗？"或者"您好！我是××，能否请您帮我转给××？谢谢！"多用"请问""能否""打扰了""麻烦了"等礼貌用语，显得得体，让人舒服。当然，很多时候，交代单位和职分也是职场电话交谈的基本礼节，如："您好！我是××单位的×编辑。请问××在吗？"如果是打给本人，特别是认识的人，可以直接称呼对方："您好！×经理，我是×编辑。您现在方便接听我的电话吗？"

第三，如果由于一时疏忽或者对方用户改换号码，导致自己打错电话，最好不要马上挂断了事，应该向对方说声"抱歉，打错了"或者"对不起，打错了"。

（2）接听电话时。

第一，可以通过来电显示预先判断通话对象。一般来说，对于陌生号码，可以通过区号大致判定对方所在的省市。中国境内一般号码的前3位或前4位是区号，如北京是"010"、广州是"020"、上海是"021"、长沙是"0731"、长春是"0431"等。合理地预判来电对象，可以让自己提前做好通话准备，从容对答，给对方留下良好的印象。如果电话前几位出现多个"0"或者带上"＋"号（如"＋00010086"）等，要提高警惕，防止被骗。

第二，提前做好通话准备，接听电话时要注意听清来电对象的具体信息。对方自报家门时，你要注意前几句话，这里包含了对方的身份、意图等很多重要信息。有时，我们往往会忘记对方报来的姓名、单位、职分等信息，这会让下一步谈话陷入被动。如果再问一遍对方，又会显得失礼。如果确实因为外力原因而没有听清，可以说明原因，再问一遍。为了避免这种情况，建议在接通电话前深呼吸，或者调整嗓音，让自己做好准备。一般可以等待电话响铃三声后接通。职场电话接通时不宜太仓促，若响铃即接，往往显得接听人没有准备好，或者传递给对方你在等待来电的感觉；如果接听者是合作双方中的甲方（主导方），而来电者是合作双方中的乙方（执行方），那么这种仓促接通电话的行为就会显得有些掉价了。

当然，还要避免电话铃长响。让电话铃长时间空响是一种失礼的表现，这就如同家里来客人按了半天门铃没人开门一样。如果有特殊原因，可以拿起话筒后向对方道歉："对不起，让您久等了！"

第三，接听电话时要注意使用礼貌用语，应答需要大方而谨慎。拿起话筒接听电话就意味着交谈开始。接听者可以选择等待或提醒对方自报家门，自己也可以先自报家门以示尊重，如："您好！这里是××单位，请问您找谁？"或者"您好！我是××，请问您是……"有时，来电对象要找其他人，这时应该客气应答："我去给您找，请稍等！"如果要找的人不在，也应礼貌回复："抱歉，他（她）现在不在，您可以稍后来电。"需要注意的是，有时候我们知道来电对象要找的人在，但不宜立刻回答对方"他（她）在"，最好让对方稍等，然后跟对方要找的人确认后再作应答。这需要我们甄别来电对象，因为回答"在"与"不在"并不仅仅是对客观事实的确认，还关乎他人的隐私。总之，应答要大方，不应该生硬地回绝别人"你要找的人不在""我也不知道""电话里说不清楚"，而且要谨慎回复涉及他人隐私或者其他敏感信息的内容。

此外，还应礼貌地对待广告、征询、推销电话。现代社会商业推广无孔不入，在接到相关推销电话时，可以客气问好后谢绝对方；如遇对方纠缠，可以打断对方，婉谢后挂断。最后还应注意，职场电话慎用免提功能，除非需要在场所有人同时收听电话；代接电话要做好记录，如实传达信息。

（3）挂电话时。

第一，不宜太急。无论是拨打电话还是接听电话，最好不要在别人的话还没说完或者刚说完时就挂断。在电话交谈结束后一般应该坚持让对方先挂断的原则，当双方都在客气等待对方挂断时，一般可以选择在 3 秒后挂断。等待挂断的时间也不宜太长，否则会让对方觉得你在有意偷听。

第二，不宜太重。挂断电话不宜太重，主要是因为电话线路能够传递挂断时的声音。如果用力太重，对方会接收到这一突然增强的撞击声，不管是有意还是无意，都会给对方传递出消极的信息。

3. 认真对待整个电话交谈过程

电话交谈除了首尾要注意礼节到位之外，通话中也需要注重细节、讲究礼仪。

第一，保证电话交谈质量，合理应对突发状况。电话交谈要通过声音传递信息。如果本方环境嘈杂，听不清对方声音，最好提高音量告知对方："抱歉，这边太吵，我稍后再给您回（来）电！"如果是对方环境嘈杂，则不宜马上挂断，而应保持通话状态，征询对方意见："抱歉，我没听清楚。能否再说一遍，或者我等您方便通话时再给您回电？"此外，电话交谈还要依赖硬件和光电信号，如果出现通话质量不佳或者串线的情况，也应该保持通话，尝试呼叫对方："您好！抱歉，通话质量不太好，不知道您能否听清？"等到对方回复后再征询是否重新拨打电话。如果信号极差，可以先挂断电话，再主动回拨并致歉："抱歉，刚刚通话质量不好，请您继续！"

第二，注意把握通话时间。首先是通话时长的把握。一般来说，职场通话时间不宜太长，基本在 3～10 分钟，超过 10 分钟会略显过长。当然，根据工作内容不同，电话时长可能会稍有变化。如果要谈的内容比较详细具体，占用时间过长，最好是面谈为宜。此外，如果使用公用电话，最好长话短说，以免耽误其他人使用电话。再就是通话时段的选择。工作日电话交谈要选择在正常工作时段，一般是上午 9 点至下午 5 点，但最好"掐头去尾"，不要选在刚上班或刚下班的时间点打电话，否则对方可能没有做好工作准备或者已经开始做下班准备了。此外，建议避开工作日 11 点半至下午 2 点的时间。这是很多企事业单位留给职员午餐和午休的时间，这时不应该通过电话打扰。一般不建议非工作日通过电话交谈工作事宜，如有必要，也应该尽量选择在上午 10 点后、晚上 9 点前。

第三，理清通话思路和内容，提高通话效率。职场电话交谈应当做到语言简练，思路清晰，讲究效率。为保证通话完整流畅地传达既定内容，可以先列出提纲，预先打好腹稿。这在上下级的对话中尤为重要。这时的通话效率其实就是工作效率的反映。

第四，注意倾听，不中途打断对方，不插话，不抢话。电话交谈是按照话轮依次进行的，你方说完我方再说，对方未说完以前要注意倾听，不能只想着自己想说的话，还要理解对方的意思，随时调整自己的表达。走神漏听、中途打断、插话都是不礼貌的行为。有时候，心不在焉，走神忽略了一两处关键信息，可能就会影响到整个谈话的效率，甚至损害自己的职场印象。有时候自己有话想说，可对方还没有讲完，应该耐心等待，不应打断、插话。有时预判到对方想说的话，自己却抢先一句堵回了对方的表达，也是不礼貌的做法。当然，有时这也是一种不得已的谈话策略。

4. 注意合理运用声音

电话交谈是用声音传递信息，所以合理运用声音十分重要。

第一，调整并利用好音色。一般来说，一个人的音色是相对稳定的，不太能改变。但有时可以通过呼吸来调整音色。这并不是要拿腔拿调，相反，在职场讲话时，适当调调嗓子，能够让表达更清晰、让声音更洪亮，也更容易被人接受。如果用平常放松时的声音与客户或领导通话，就会显得懒散无礼。

第二，注意音量大小。按照通行的做法，打电话时嘴离话筒要有 1~2 厘米，太近容易音量过大，太远又会导致通话音量过小。另外，发音也同样需要控制音量，最好不要扯着嗓门喊，也不要含糊不清。

第三，把握通话节奏，注意声音的停顿和延续。电话交谈与正常谈话稍微有些不同，交谈双方无法见到对方，不能通过面部表情等判断对方是否领会自己要表达的意思，所以更需要把握谈话节奏。谈话节奏不宜过快或过慢，遇到关键信息可以适当换气停顿、加重。停顿的时间不宜过长，否则容易冷场，更不能以同样的语气一说到底不换气，否则会让对方有压迫感。另外，电话交谈属于实时谈话，语音在耳边稍纵即逝，很容易漏听，所以最好使用散句和短句，不要用过长的整句。如下面一段话：

巴尔的摩地方法院 1987 年 5 月 30 日裁决亚特兰大市一个生产据称"能使头发卷曲而发亮"的美发剂的制造商向一名使用该厂生产的美发剂而毁发毁容的妇女赔偿 45 万美元巨款。

这段话实际上就是一个完整的句子。在职场谈话时，为了让对方更容易理解，可以将其分解为 3 个小句子：

① 亚特兰大市一制造商生产了一种据称"能使头发卷曲而发亮"的美发剂。

② 一名妇女因使用这种美发剂而毁发毁容。

③ 1987 年 5 月 30 日，巴尔的摩地方法院裁决该制造商向这名妇女赔偿 45 万美元巨款。

长句拆分为短句后，由于句子长度变短，短时记忆的信息量变少，表意更容易被人理解。另外，还可以适时提示重点或追问对方是否领会意思，如："您看是不是这样？""不知道您同不同意。""您说是吗？"

此外，职场电话交谈还应该注意声音美，做到语气和缓、语调亲切、语势友善。

5. 注重体态和表情，听音如见人

在进行职场电话交谈时，保持良好的体态可以起到很好的暗示作用。

不能因为对方不在面前就散漫无礼，应当尽量避免职场通话时出现抽烟、咬铅笔、嚼口香糖等影响表达的动作，也不要跷二郎腿、抖腿，用头肩夹着电话而手中做其他事等。最好把对方看作在场谈话一样。除了保持身姿体态，还应该注重表情的副语言作用。当你面带笑容时，可以让人在感知声音的同时感受到你的善意；而当面容愁苦时，讲话语音语调自然也不会让人愉悦。因此，听音如见人，在职场通话中应当注重体态和表情。

6. 用好书面语，说好普通话

根据《中华人民共和国国家通用语言文字法》的规定，国家推广普通话，推行规范汉字。我们在职场电话交谈（特别是处理公务）时，必须使用普通话，尽量使用书面语。应当尽可能避免用方言进行职场通话。这不仅是礼节要求，更是国家法律所规定的。一个著名的电影桥段中，有一段让人啼笑皆非的对话：

> 头儿问一个四川籍的跟班："对方来的是几个人？"
>
> 跟班回答："是4人。"
>
> 头儿有些惊慌："14人？"
>
> 跟班："不是14人，而是4人！"
>
> 头儿更加惊慌："24人？"
>
> 跟班："说了不是，就是4人！"
>
> 头儿惊慌失措："94人？！"
>
> …………

在当面交谈中如果不使用普通话都可能造成很多误解，在电话交谈中就更应该注意使用普通话来沟通了。

以上是一般化地讨论职场电话言谈礼仪，不同职业、不同层面的谈话还会有不同的礼仪要求。以国家层面的电话交谈为例，一般来说，国家领导人之间的谈话需要提前预约；涉及重要议题时有关部门会提供一个额外简报；领导人通话时通常使用母语进行交流，还会有助手和翻译旁听。当然，这些要求在普通的正式电话交谈中是没有的。有的职业还会对通话礼仪有特别的规定，比如一名电话客服在接受电话来访者的咨询、投诉、抱怨时，除了基本的礼貌问候外，还应时时注意倾听、安抚并及时解决来访者的疑问。

（二）日常电话通信言谈礼仪

日常电话通信言谈礼仪与职场电话通信言谈礼仪在总的要求上基本是

一样的，只是交谈内容更加零散，交谈目的更加多元，交谈方式更加随意。虽然如此，在日常通话中，为了实现不同的电话交谈功能、区分不同的交谈对象，也还有一些需要特别注意的礼节。

1. 与长辈的电话交谈礼仪

通常来说，晚辈和长辈通话时一般要向长辈表示尊敬，整个通话除了特定的事务交流外，还应该起到问候的作用。《中华人民共和国老年人权益保护法》第十三条规定："老年人养老以居家为基础，家庭成员应当尊重、关心和照料老年人。"第十八条规定："家庭成员应当关心老年人的精神需求，不得忽视、冷落老年人。"不管是对待祖辈还是对待父母，我们都应该定期表示关心和问候。当今社会，子女外出工作或学习，与家里的长辈两地相隔，电话就成为一个非常便利的交流工具。因此，晚辈与长辈的电话交谈一般具有周期性，通常是相隔一定的时间就会有电话问候。正因为如此，与长辈的通话应该特别注意时间问题。在选择周期性打电话问候时，一般不要突然延长或缩短周期，以免让长辈担忧牵挂。节假日一般应该主动电话问候。

> 八月十五前夕，妻子看到别人家的孩子给家里打电话，向丈夫抱怨："你看看别人家的孩子，都知道往家里打个电话。你再看看咱儿子，连个电话也不知道打！"
>
> 丈夫："我估计，今天就该给咱打电话了。"
>
> 果然，半小时后，儿子打来了电话……
>
> 挂了电话以后。
>
> 妻子："老头子，你怎么知道咱儿子一定会打电话？"
>
> 丈夫："我给他的零花钱，最多只能用到今天。"
>
> 妻子："……"

我们平常可能觉得一个电话无足轻重，但对于守候在家的父母来说，简单的一个电话却让他们期盼已久。上面这则小笑话就反映了这种情况。当然，像这个孩子那样"按时提款"的"支票电话"是不合礼仪的。

在打电话的时段上也要注意。长辈的作息和晚辈的作息通常不一致，他们大多早起早睡，因此尽量不要在晚上他们入睡后通电话。否则，一方面会打乱他们的休息节奏，影响其睡眠；另一方面可能会给他们带来额外的紧张感，让他们心中牵挂、焦虑。

此外，还要注意电话中的语言表达。与长辈通话固然不用客气，但也要注意在通话的开头寒暄和在结尾关切。交流时语气和缓，不应付，不敷衍。

2. 与平辈好友的电话交谈礼仪

今天，电话的普及让我们可以随时与朋友聊天问候。相比职场和与长辈的通话，平辈好友进行电话交谈时的礼仪就宽松得多，甚至"礼少人不怪"。有时拿起电话就可以直入主题："你知道吗，我今天……"结束时也非常简单随意，"今天聊差不多了，下次再聊啊。"当然，这也要视关系远近而定，闲散的聊天风格适合关系密切的平辈好友；不能把这种闲散的风格用在所有人身上，有时候关系没到，反而会让对方感到不适应，或者过于"自来熟"。另外，哪怕是闲聊，与平辈好友电话交谈时也有讲究，一般来说要注意以下几点。

第一，尽量不称呼对方的小名、诨名。儿时的玩伴和亲密的好友可能都会有一些小名或者诨名，有的称呼起来亲切、没有距离感；但有的听起来不雅，容易伤人，要注意调整称呼，使用大名，或者改个"专称"也可以。

第二，减弱通话的目的性。给好友打电话一般不主张"无事不登三宝殿"，日常闲聊一般是私人交流，不谈正事。如果有正事，在双方闲聊兴致正好的时候顺带提及即可。当然，这也视情况而定，有时开门见山反而利索。

第三，减少或避免抱怨、吐槽，增加有品位、有趣味、建设性的交流。无论是学习还是工作，我们总会遇到这样或那样的问题，想找个倾诉的对象，有人会选择跟父母说，更多人可能会选择与好友聊聊。但要注意的是，倾诉不是无止境的抱怨、吐槽，好友也不是你情绪的垃圾桶，应该多听听对方的建设性意见，让对方帮助自己处理遇到的问题；或者转移话题，多聊些有品位、有趣味的话题。

总的来说，当下可视化通信设备已经十分常见，而选择用电话联络平辈好友有时就成了一种私下比较正式的交际。所以，我们要讲究通话礼节，不要闲散无边、游谈无根。

3. 情侣、伴侣的通话礼仪

一般来说，情侣或伴侣之间通过电话联系，主要不是为了传递信息，而是为了交流感情。这种通话中双方在起始语和结束语中通常很重视传递爱意，而不是礼貌寒暄、客气收尾。这与其他类型的通话不大相同。总的来说，这类通话要注意几个小的方面。

第一，确认通话环境，避免尴尬或"秀恩爱"。情侣或伴侣通话有时会有很多亲昵的表达，在接电话之前应当先确认周围是否有他人在场，以免造成尴尬，或者给别人造成"秀恩爱"的感觉。另外，还应问问对方是否方便接听，确认是否适合私密通话，以免给对方造成尴尬。鲁莽示爱可能适得其反。

第二，把握通话时间，减少"煲电话粥"。情侣、伴侣之间的电话交谈很多时候话题离散，时间较长。要注意避免"煲电话粥"的情况经常发生，一来形成习惯后无法自控，想短也短不了；二来长时间单手持电话听和说对身体无益。通话所产生的费用也会让"电话粥"不仅"浪漫"，而且浪费。

总体上，日常电话通信言谈虽然显得闲散，有很大的自由度，但也应该讲究倾听和表达。

手机其实也是电话的一种，它具有功能集中、便于携带、私密性强等特点，在言谈礼仪上也有特别需要注意的地方。

与手机通信言谈有关的功能主要是两个：一是拨号通话功能；二是短信交流功能。这两个功能分别涉及实时交流和非实时交流两种情况。

实时交流主要是指手机拨打和接听电话。在用手机通话时，要注意以下几点。

第一，查看来电或去电显示，关注号码归属地。在拨号或接听电话时，通常会有去电或来电显示，显示的具体信息中除了有号码数字外，还有号码归属地。这一信息可以很好地帮助我们预判未知的通话对象。所以，手机通话前最好先查看来电或去电显示，做好通话准备。

第二，选择适当的手机提示音。手机通话通常会有来电铃声，在职场环境中，特别是办公室环境下建议启用手机震动模式。如果是响铃模式，应该设置内容健康、响度适中的手机铃声，不宜太过嘈杂。铃声一般会有语音内容。当前的手机铃声五花八门，可以是方言、可以是说唱、可以是搞笑段子，但职场环境中最好选择既体现个人品味又兼顾得体庄重的铃声，避免使用庸俗、粗鄙的手机铃声；否则不仅影响在场的人，更会给人留下不好的印象。此外，其他提示音也要注意，不能对他人造成困扰。

第三，慎用免提和通话录音功能，谨慎管理通话录音。免提和通话录音其实都涉及通话的隐私问题，应该慎用。免提功能是把通话内容外放，与座机电话一样，有其他人在场的情况下要慎用；而通话录音一旦录入后，手机会自动保存，很多人不知道录音储存目录，在播放音乐或操作不当时突然跳转到通话录音，会给自己和被录音的一方带来不便。

非实时交流主要是指手机的短信交流功能。短信交流是通过文字的形式传递信息。文字信息不如声音信息直观、丰富，但却可以长时间显示和保存。因此，在用手机短信交流时要注意以下几点。

第一，发送信息前要核对收件人和发送内容。在单一收件人时一般不会出错，但在群发短信时，一定要核对收件人姓名和数量，确保信息送达的对象正确无误。比如，一次开会讨论要点需要秘书在中层干部以上的群体中发布，若在手机发送时多加入一名基层员工，就会导致信息泄露，可能影响到公司决策。此外，发送内容之前也要仔细核对。有时同音字词可能被误输入，如"不必理会"输入成"不必例会"；或者句子中插入文字错误，如"今天下员工午5点，单位召开全体员工大会"。当前的智能手机具有触摸屏，输入光标很小很灵活，很容易被错置，经常会发生这种插句的情况。

第二，养成在所发的信息后具名的习惯。发送手机短信具名，可以提示对方你作为来信人的身份，表明你对所发信息负责，是一种尊重对方的体现。有时对方并不知道或并未保存我们的联系方式，我们不能想当然，否则一条短信过去会给对方带来不小的困扰。

第三，尽量不群发、不转发祝福短信。逢年过节，亲友同事之间都会发短信互致问候。为了省力，我们有时候会选择群发短信，把编好的同一内容短信发送给多个手机联系人。接收人收到的短信一般没有开头称呼语或者只有统称语，很容易辨别是不是群发短信。为表示特别的尊重，最好单发祝福短信，每条短信单独称呼。还有另外一种情况，即转发短信。面对眼花缭乱、形式各异的节日祝福，我们有时候也奉行"拿来主义"，复制别人的祝福短信直接转发给亲朋好友。有时甚至连署名也忘了更改，因而闹出笑话。好的祝福短信当然可以分享，但自己用心编写的简单节日问候往往要胜过囫囵转发他人的祝福短信。

第四，收到手机短信要及时回复。可能对方的来信并未要求回复，但养成及时回复短信的习惯是尊重他人的体现。有时无法立刻就来信所提的具体问题给出回复，也可以随即发送"收到，我会尽快回复您"等告诉对方已经知悉。

第五，礼貌回复陌生短信和错发短信。有时来信人并未表明身份，这时应该礼貌地询问对方，"您好！我是××，请问您是?"对于错发短信的情况，也应该客气告知对方，"您好！您可能发错短信了。"这样友善的提示，可以避免对方因为错发而耽搁事情。

当下手机的交流功能正在从依靠通信信号的模式转向依靠互联网流量的模式。人们越来越多地使用微信、手机 QQ 等方式进行通话，甚至进行可视化交流。这将在下节"互联网虚拟空间言谈礼仪"中重点讨论。

二、电子邮件通信言谈礼仪

电子邮件又称为 E-mail。它通过特定的网络协议达成电子虚拟地址间的信息交换。它具有低价（甚至免费）、快速、稳定的信息传送特点。虽然在交流方式上是非实时交流，但是可以传送图文声像等多类格式的文件，可以短时间内撤回邮件，有良好的用户界面，可供用户进行特定格式和背景的图文输入。这几乎是把传统书信在书写上的灵活性和现代通信在信息传递上的迅捷性进行了完美结合。世界上第一封电子邮件是 1969 年10 月由计算机科学家莱昂纳德（Leonard K.）教授发给他同事的一条简短消息，这条消息只有两个字母"LO"。据说，原本要发送 3 个字母"LOG"，但还没等对方确认收到"G"，整个系统就瘫痪了。

随着电子邮件技术的发展，现在我们已经可以进行长篇幅、大容量的邮件收发了。收发的邮件可永久存储，邮箱容量也在不断增大，图文声像的储存能力正不断提升。当然，要完成邮件收发，首先要有自己的邮箱。当前网上的免费邮箱申请很方便，有 QQ 邮箱（与 QQ 号绑定）、网易邮箱、搜狐邮箱、新浪邮箱等，一般要求录入个人信息，确定邮箱登录名和密码，再进行实名制绑定。

（一）作为"书信"的电子邮件交流礼仪

使用电子邮件进行交流时首先要注意遵循传统信件的礼仪。具体来说要注意以下几个方面。

1. 开头

开头单独成行、顶格书写收件人的称呼，以表示尊重和礼貌。称呼之后加上冒号，以示领起下文。平时对收件人如何称呼，信上也如何称呼。写给长辈的，按照长辈的称呼，如"祖父""伯父""伯母"等；写给平辈的，比自己年长的称"哥哥""姐姐"等，比自己年幼的称"弟弟""妹妹"等，也可以直接称呼名字；写给晚辈的，可以直接写名字。

2. 正文

正文要另起一行，空两格写起，转行时顶格。根据内容可适当分段，它包括以下几方面内容。

第一，正文首段空两格，单独成行，向收件人表示问候。说明何时收到对方来信，表示谢意；或者询问对方情况，表示关怀。

第二，正文次段空两格开始进入正题。每件事都要分段写，使对方一目了然。回答对方的问题要有针对性，有的放矢。

第三，正文尾段空两格作结，如"切盼肯复""敬待函复"等。还可以写有何希望、要求，表示叨扰等。

3. 结尾

结尾一般表示祝愿或敬意。一般书信可以多用"祝你健康""此致""敬礼"之类的话。常见有两种格式。

第一，写完正文之后，换行顶格写"此致"，另起一行前空两格写"敬礼"。

第二，正文结束后，不写"此致"，只是另起一行前空两格写"敬礼"等词。

当然，祝愿的话应因人、因具体情况选择适当的词，切忌乱用。不同内容、不同收件人，电子邮件的文风不一样，这一点在结尾祝福语上表现得很明显。亲朋好友的一般邮件，结尾一般语气轻快，还可以带上语气词"呀""啊""哟"等，如"再来玩呀"。而职场上的往来一般比较客气，除了用"此致""敬礼"，常见的还有"诸事顺意""祝好"等。如果是官方正式沟通，或第一次邮件往来，一般是庄重和尊敬的，结尾语偏向典雅，如"敬颂勋祺""恭请时安""敬请台安"等。

4. 署名

署名一般是在书信祝福语后换行靠右的位置写上姓名，再换行靠右写上日期。如果是写给熟识的亲属、朋友，可以加上自己的称呼，如"弟""妹"等，后边写名字，不必写姓。如果是公务邮件，一定要把姓与名全部写上，甚至有时候会根据特定内容添加一些谦敬语，如"敬拜""谨奉"等。

5. 附言

附言是追加的话，一般有如下几种。

（1）附告详细地址或联系方式。若初次通信或写信人的信息有变动，一般会把个人单位、职务、联系方式等信息附在后面。职场邮件经常会后附个人信息。

（2）托带问候的话。如"请代问××好"。

（3）附件说明。若邮件附有照片等，要加以说明。

（4）附加的话。信写完以后，若发现还有内容要补充，可以加在后面。常用"另""又""还有"开头。

此外，不同邮件要注意使用不同的礼貌语，比如，迟缓回信一般会说明"来信回复稍晚，请见谅"等；请托类邮件则可以使用"敬希协助""恳请帮助"等；道歉类邮件可以使用"深感抱歉""万望海涵""望见谅"等；感谢类邮件可以使用"不胜感激""感谢鼎力相助"等；馈赠类邮件可以用"恳请笑纳"等。

（二）作为"电子通信"的电子邮件交流礼仪

电子邮件作为电子通讯工具，除了要讲究一般的书信礼仪，还要注意其他方面的礼仪。

1. 发邮件

（1）确保收件人正确。首先要核查收件人地址，群发邮件时要清点收件人数量。需要抄送或者暗送的邮件地址，要填写在正确的地址栏。此外，群发信件时，要用保密附件方式发送，以确保每个收件人只会看到信的内容，而不会知道其他收件人的姓名或邮件地址。

（2）添加邮件标题。邮件标题是收件人收到邮件时第一时间看到的内容，可以帮助收件人在依次排列的多封电子邮件中快速甄别信件的内容，确定阅读的优先级，起到醒目、提示的作用，能够节省收件人的精力。没有主题的邮件，既不礼貌也不安全，很可能被收件人忽略或删除。

（3）检查确认附件。电子邮件可以发送图文声像，它们都可以以附件的形式添加在待发邮件中。添加完成以后，应当确认附件格式和内容，避免错发。一般邮件不要发送".EXE"格式的文件。上传的文件要注意杀毒清理，避免将有病毒的文件发送到收件方，给对方造成麻烦。附件文件不宜过大，一般不超过10MB。

（4）邮件内容中最好不要出现超链接。邮件中的超链接通常会被人认为是病毒陷阱。

2. 收邮件

（1）养成按时查看电子邮箱的习惯。视个人情况而定，一般可以选择每天早上上班、晚上下班、睡前查看一遍邮箱。如果没有将电子邮箱与移动端绑定，在收到邮件后没有提示，遇到紧急的情况就可能耽搁。如果查看邮箱的周期太长，就可能造成大量邮件积压，耽误自己和别人的事情。

（2）及时回复来件。收到电子邮件后，最好在第一时间点击打开并回复对方，以免对方再次过问让自己陷入被动。最好设置自动回复语，如："您好！我已收到您的邮件，我将尽快查看后回复您。谢谢！"这样，每当邮箱来信时，就能在第一时间自动回复对方，也方便对方确认。自动回复语有时候会影响别人对你的第一印象。另外，还要学会使用快捷回复。快捷回复栏是在邮件查看界面的底端，有一条空白栏，可以快捷回复对方邮件。这时的快捷回复可以简单明了，不用讲求格式，用一两句话答复对方即可，类似于短信一样，如："××，我已收到。谢谢您（××)!"

三、案例分析

案例一

标题：

发件人：×××@ sohu. com

收件人：×××@ qq. com

附件：

××负责人：

你好！我是××单位的×××。上个月你们发给我的那份策划案我看了，不是很好。我希望你们能够再改进一下。随时联系。

案例二

标题：××大学硕士毕业生××应聘：××出版社社科类图书编辑

发件人：×××@ sina. com

收件人：×××@ 126. com

附件：2 份（××简历＋××作品）

尊敬的××公司人事主管：

您好！

我是××大学文学院汉语言文学专业2018届硕士生××，冒昧来信打扰。我希望应聘贵社社科类图书编辑，现奉上相关个人材料，望您拨冗查收审阅。

我在硕士阶段主要研究古代文学，本科阶段学习汉语言文学专业。兴趣所在，加上专业所长，因此在所应聘专业上，我有比较充分的积累。××出版社精英荟萃，我非常期待能加入这样的团队。切盼肯复。

　　愿您诸事顺意！

　　敬颂

案祺！

×××

2018 年 4 月 10 日

　　案例一看似是一封合理的甲方（主导方）邮件，但是很多礼节没有注意到：发件人没有采用敬称，没有添加标题，也没有把具体的修改意见通过附件的形式反馈给对方。落款不署名，也没有祝福语。整个邮件语气生硬，态度强势，会给收件人留下不好的印象。案例二是一封求职邮件，这封邮件就很好地避免了上述问题。有头有尾，格式规范，表达得体。

延伸阅读

［1］宋泽军.好口才　社交口才［M］.北京:中国城市出版社,2013.

［2］陈绵水.口才基础［M］.上海:复旦大学出版社,2011.

［3］袁丽萍.口才的力量［M］.北京:中国言实出版社,2014.

［4］张小雨.公关口才［M］.北京:北京工业大学出版社,2014.

［5］文叶.演讲与口才［M］.北京:红旗出版社,2012.

［6］蔡践,冯章.口才的艺术［M］.北京:中国经济出版社,2005.

［7］郑德明.舌尖上的力量:口才制胜的艺术与技巧［M］.北京:台海出版社,2013.

［8］高万祥.名师最具渲染力的口才细节［M］.重庆:西南师范大学出版社,2009.

［9］赵飞.口才智慧［M］.北京:中国言实出版社,2017.

视频链接

　　1. 中国大学视频公开课《现代礼仪》第九课"不容忽视的职场礼仪细节"。https://v. qq. com/x/page/g03778s3hbt. html？ptag = qqbrowser。

　　2. 国家精品在线开放课程《社交礼仪与艺术》第十章第二节"交谈中的注意事项"。https://www. bilibili. com/video/av11449324/？p = 54。

　　3. 中央电视台 10 频道《百家讲坛》栏目《金正昆谈现代礼仪》之"电话礼仪"。https://www. bilibili. com/video/av1952670/？p = 13。

第三节　互联网虚拟空间言谈礼仪

案例导入

在当今社会，互联网已经成为人们生活中的重要组成部分。国家和社会通过互联网发布各类信息，人们在互联网上聊天交友、休闲娱乐、求职就业、购物消费……互联网容纳了越来越丰富的社会生活。

2017 年 8 月 4 日，中国互联网络信息中心（CNNIC）在京发布第40 次《中国互联网络发展状况统计报告》。该《报告》显示，截至2017 年 6 月，中国网民规模达到 7.51 亿，其中手机网民达到 7.24亿，网民中使用手机上网的比例升至 96.4%。

截至 2017 年 6 月，我国网络新闻用户规模为 6.25 亿，半年增长率为 1.7%，网民使用网络看新闻比例为 83.1%。其中，手机网络新闻用户规模达到 5.96 亿，占手机网民的 82.3%，半年增长率为4.4%。

截至 2017 年 6 月，我国使用网上支付的用户规模达到 5.11 亿，较 2016 年 12 月增加 3654 万人，半年增长率为 7.7%，我国网民使用网上支付的比例从 64.9% 提升至 68.0%。其中，手机支付用户规模增长迅速，达到 5.02 亿，半年增长率为 7.0%，网民手机网上支付的使用比例由 67.5% 提升至 69.3%。

截至 2017 年 6 月，在网上预订过机票、酒店、火车票或旅游度假产品的网民规模达到 3.34 亿，较 2016 年底增长 3441 万人，增长率为11.5%。

互联网使用群体如此庞大，在网络空间里的言谈行为和礼仪，对于整个互联网秩序的维持，以及互联网文化的良性发展，起着至关重要的作用。上海同济大学教授、著名文化批评家朱大可曾说："一些网民还没有学会如何以理性和有教养的方式发表不同意见，没有掌握正确的公共平台交往方式，更没有掌握从多重互相矛盾的资讯中获取真相的能力。而培养这种独立反思能力以及形成'互联网礼仪'，至少还要 10 年以上的时间。互联网正在考验我们的耐性。"那么，互联网礼仪包含哪些内容呢？

一、互联网虚拟空间言谈一般礼仪

在韩国，小学二年级以上的学生都需要接受"网络礼仪"课程教育，其为社会技能课程培训的一部分。韩国教育科学技术部认为，互联网可以匿名的特点使越来越多网民的网上陋习暴露无遗，因此需要增加网络行为教育，不仅要教育学生避免在网上使用侮辱性语言或攻击他人，还力求增强他们保护知识产权和个人信息的意识。

从朱大可教授的评论中，我们可以看到互联网礼仪的一些基本特征：以理性和有教养的方式发表意见，以恰当的方式进行公共交往，能够判断是非的独立反思能力……显然，互联网礼仪与现实生活场景的礼仪相比，既有相似之处，也有不同特点。

早在20世纪90年代，互联网就已经在国外兴起，并逐步发展出相应的礼仪要求。国外研究者认为，每个网络用户必须认识到：他（她）在接近大量的网络服务器、地址、系统和人时，他（她）的行为最终是要负责任的。国际互联网不仅仅是一个简单的网络，它更是一个由成千上万的个人组成的网络社会。为了维护互联网社区的良性发展，针对人们在发表意见、发布内容、获取信息和寻找资源等方面的具体行为，早期最基本的互联网礼仪规定了如下十点。

（1）记住别人的存在。

互联网给予来自五湖四海的人们一个共同的地方聚集，这是高科技的优点，但往往也使得人们在面对电脑屏幕时忘记了是在跟其他人打交道，人们的行为也因此容易变得更粗劣和无礼。因此，第一条就是"记住别人的存在"。你当面不会说的话，在网上也不要说。

（2）网上网下行为一致。

在现实生活中大多数人都是遵纪守法的，在网上也应如此。网上的道德和法律与现实生活中是相同的，不要以为在网上就可以降低道德标准。

（3）入乡随俗。

同样是网站，不同的论坛有不同的规则。在一个论坛可以做的事情，在另一个论坛可能就不宜做。建议先观看一下各方的发言，这样就可以知道论坛的气氛和可以接受的行为。

（4）尊重别人的时间和带宽。

在提问题之前，先自己花些时间去搜索和研究学习。很有可能同样的问题以前已经问过多次，现成的答案触手可及。不要以自我为中心，别人为你寻找答案需要消耗时间和资源。

（5）给自己在网上留个好印象。

因为网络的匿名性质，别人无法从你的外观来判断，因此你的一言一语成为别人对你印象的唯一判断。如果你对某个方面不是很熟悉，找几本书看看再开口，无的放矢只能被戴上"灌水王"的帽子。同样地，发帖以前仔细检查语法和用词，不要故意挑衅和使用脏话。

（6）分享你的知识。

除了回答问题以外，当你提了一个有意思的问题后，会得到很多回答。对于通过电子邮件得到的回答，你应该写份总结与大家分享。

（7）平心静气地争论。

争论是正常的现象。要以理服人，不要人身攻击。

（8）尊重他人的隐私。

别人与你之间的电子邮件或私聊的记录应该是隐私的一部分。如果你知道某个人用笔名上网，未经同意在论坛上将他的真名公开也不是一个好的行为。如果不小心看到了别人打开电脑上的电子邮件或秘密，也不应该到处传播。

（9）不要滥用权利。

管理员、版主比其他用户有更多权利，应该珍惜使用这些权利。

（10）宽容。

网民们都曾经是新手，都会有犯错误的时候。当你看到别人写错字、用错词、问一个低级问题或者写了一篇没必要的长篇大论时，不要在意。如果你真的想给他建议，最好用电子邮件私下提议。

以上十点礼仪规范，正是针对互联网的使用特性而形成的。首先，在匿名的情况下，许多人一旦失去法律和道德的约束，就可能做出一些越出边界的事情。但匿名并不能成为无视法律和道德的借口，恰恰相反，即使在互联网社会，每一个ID背后也都是真实的人，也都承担着相应的社会义务和责任。再者，互联网包含各色人群、世间万象，不同的经验、观点和立场之间，更容易爆发出尖锐的矛盾。如果人们不遵守起码的理性讨论规范，那么互联网将失去秩序，反而成为言论的"战场"。最后，正是因为互联网上信息的传播极快，随着人们在互联网上的行为越来越多，个人隐私能否得到尊重和保护极为关键。但凡试图破坏隐私协议的行为，都是对互联网秩序的破坏。

随着我国互联网管理的日益成熟，对网民们的言谈礼仪有了更为具体的规范。以天涯社区为例，其言谈礼仪要求如下：

第十三条　会员在社区内的言论（包括但不限于文字、图片、音频、视频，下同）不得违反国家的法律法规。根据《互联网新闻信息服务管理规定》，会员的言论不得含有下列内容：

（一）违反宪法确定的基本原则的；

（二）危害国家安全，泄露国家秘密，颠覆国家政权，破坏国家统一的；

（三）损害国家荣誉和利益的；

（四）煽动民族仇恨、民族歧视，破坏民族团结的；

（五）破坏国家宗教政策，宣扬邪教和封建迷信的；

（六）散布谣言，扰乱社会秩序，破坏社会稳定的；

（七）散布淫秽、色情、赌博、暴力、恐怖或者教唆犯罪的；

（八）侮辱或者诽谤他人，侵害他人合法权益的；

（九）煽动非法集会、结社、游行、示威、聚众扰乱社会秩序的；

（十）以非法民间组织名义活动的；

（十一）含有法律、法规、规章、地方规范性文件、国家政策、政府通知、公序良俗等禁止的内容；

（十二）本社区认为不利于社区生态、可能给社区造成损失的内容。

第十四条　会员的言论应符合社区规则以及所在分区和版的规则。

会员发言前应了解所在版的讨论主题和相关规定，不发表与版规不符的言论，不在他人的帖子内发表与主帖内容无关的言论。

对他人或者社区公职人员的投诉应发表在指定的栏目。

第十五条　会员应尊重他人的知识产权，不得剽窃他人作品，转载和引用他人作品时应符合版权许可。

第十六条　会员应遵守社区秩序和网络道德，不得污言秽语，不得进行刷屏、恶意顶帖、恶意灌水等影响他人阅读的行为。

第十七条　会员应尊重他人隐私，除非涉及公众利益或者经当事人同意，不得发表他人的姓名、住址、电话等个人资料以及其他隐私信息。

第十八条　未经社区许可，禁止发布广告或者其他以获取商业利益为目的的内容。

第十九条　会员在社区内发表违规言论的，社区公职人员有权删除其全部或部分言论，并视情节和危害结果，对其给予适当的处罚。

删除会员言论和处罚会员，必须给出明确的理由，并以社区规则为依据。

第二十条　会员对自己的言论承担责任。

会员在公共论坛的言论一经发表，就无法由本人修改和删除，除非有重大理由，社区公职人员不受理会员删除自己言论的请求。

（以上转引自天涯社区 http://service. tianya. cn/guize/gongyue. do? classtype =3，访问日期为 2018 年 4 月 13 日）

这些言谈礼仪，其实是在互联网上活动的底线。互联网的管理机构，也可以通过一些技术手段，对不合规范的互联网言行进行规训，如删帖、禁言、屏蔽不雅用词等。

二、互联网虚拟空间言谈礼仪的个性

在不同类型的互联网社交场合，若要做到与人交往如鱼得水，则需要对互联网文化进行更为细致具体的分析。

我们可以展示出来、被人看见的互联网行为，包括如下几种：

（1）发布内容。以个人用户的身份在各类平台上公开发布图、文、评论、视频、音频等。

（2）私聊社交。以个人用户的身份与其他用户私聊、私信等。

（3）点赞转发。以个人用户的身份对别人发布的内容点赞、转发等。

由此可见，这些行为几乎都需要通过文字/书面的形式发出。由于互联网社交的多样性和即时性，虽然依赖文字，但人们在表达时更加接近于口头传播的形式，而并不是典型的书面语表达形式。互联网礼仪的核心之处，就在于如何利用这些半口头、半书面的表达，恰如其分地表现出现实场景中的丰富含义，避免不必要的误会和歧义，进而融入到相应的文化圈子之中。

（一）遣词造句重表意而轻文饰

同样是文字表达，在网络空间中，言谈表达更加看重逻辑清晰、意思分明，而不十分注重辞藻和修饰。一些十分正规的礼节也渐渐地被互联网舍弃。例如，在传统的书信中，人们遣词造句时偏好以古雅的词语传递问候；而在网络空间，人们的问候则更为简要直白，也舍弃了诸多敬语、问候语、珍重语等内容。

网络的信息流动速度极快，尤其是智能手机普及以后，人们使用小屏手机浏览信息，信息的处理繁杂而浩大。因此，越是简明的信息，越易于被阅读吸收；越是复杂的信息，则越不受欢迎。

不仅如此，一些平时看上去并无问题的言谈表达，放在网络空间里，则可能会增加信息理解的成本，在这个快节奏的社会中，同样使人头疼。下面通过几个案例，来进行分析和说明。

案例一

随着微信的普及，许多人在工作时也使用微信交流。许多人把语言交流的习惯，也带到了工作中。

图中是一名广告公司的设计师与广告主的员工使用微信工作的场景。在这个场景中，广告主在表达设计需求时，用语音一条一条发过去。这样的行为只图自己方便，而设计师在一边做设计、一边听需求时，就不得不反反复复将语音听很多遍，不能像阅读文字一样一目了然。

"此时无声胜有声"的微信聊天

实际上，在使用互联网进行工作交流时，许多人都没有注意去清晰有效地表达需求。例如，在向他人提出作品修改意见时，如果使用即时聊天软件，不标注序号地一条条发送信息，那些接收者就需要花较多的时间去梳理对方的意见。如果信息发送延迟，还可能产生一些不必要的重复工作。恰当的网络工作交谈礼仪，应当是适时梳理好自己要表达的内容，一次性地标注序号分条目发送给合作方。

案例二

微博私信也成为"混乱表达"的重灾区。许多人向微博博主寻求帮助或意见时，因不能理清事件逻辑和人物关系，给人们带来了不小的阅读障碍。

中国电信　中国移动　📱💬🎤🏪　🔇⏰👁📶📶📶 26 19%🔋　晚上10:30

← 　私信格式

#且且私信# 发这篇的目的是告诉大家，500字以上不看不PO，收到直接删除，这是最后一次PO。过好一生，从学会简洁说话做起，不要渣大的事情写好几千字，浪费别人的时间。所有打算投稿的都请看一下这篇，看完之后请看一下投稿我需要你缩写成什么格式：您好，我和男友交往几年了，感情不错，我俩都是十八线小地方人来大城市工作生活，六年前他家在这个城市给他购房一套，位置偏僻不便利，我们一直没住，商量着现在以房换房好结婚，但他父母不太积极，钱也不够，最后商量的结果是我家借给他家36万，他家自凑30万，共66万当作首付，用我的名字购房，等男朋友卖房后把他名字加进来。购房后他父母表示不承认我们的钱是借的，非说这属于两家共同购房，我妈妈生气了，说那就把30万给他们，这房子算我婚前财产，他父母仍不同意，形成僵局。我已经29岁，拖不起了，请问我该怎么办？

查看翻译

👍 34　　💬 148　　↗ 2　　⛓

"大事化小"的微博私信

这是一个微博博主所发的一条微博正文，包含了三部分内容：一是一个微博粉丝发给她的私信截图，可以看出该用户给她写了近千字的内容；二是她对私信内容的简要总结；三是她对用户求助内容格式的要求。从这三部分内容可以看出，繁冗而混乱的写作，在网络交往中不仅解决不了问题，还给他人带来了诸多不便，从而容易引起新的麻烦和冲突。

（二）非正式化表达潮流

互联网言谈交流以高效著称。在网络空间中，人们为了拉近彼此之间的距离，减少交流障碍，往往会摒弃严肃、正式的言谈方式，通过改变称谓、口语化等办法，催生出许多轻松有趣的表达方式。

"淘宝体"就是在这样的情境中流行起来的。在互联网购物平台淘宝网诞生之初，顾客在网上浏览商品信息，而相关的购买行为和销售咨询都依赖于店铺的客服人员完成。因此，店铺客服怎样与顾客沟通交流，就成了一桩买卖能否做好的关键。现在人们所熟知的淘宝客服，往往言辞亲切、语气活泼，称呼顾客为"亲"，并在其间加入诸多语气词，以拉近与顾客之间的距离，减缓某些不客气的规则给别人带来的不适。请看以下案例。

案例一

场景 A：

顾客：请问，买这件衣服包邮吗？

客服：您好，这位顾客！鄙店所有商品一律不包邮。

场景 B：

顾客：请问，买这件衣服包邮吗？

客服：亲，你看中的这件衣服上身很好哦，不过小店利薄，目前做不到给大家包邮呢。

对比 A 和 B 两种情形，显然场景 B 中的交谈方式更加贴近顾客心理，使用语气词也能很好地减缓拒绝之意。正因为"淘宝体"有着这样的交谈优势，这种亲切、可爱的交流方式迅速在网络中走红，而后逐渐为各行各业所采用。

案例二

场景 A：2011 年 7 月，南京理工大学向录取的学生发送"淘宝体"录取通知短信，一改人们印象中高校的古板面貌。

场景B：2011年8月1日上午，一则关于外交部微博招人的消息也在网上流传。这则招聘微博由外交部官方微博平台"外交小灵通"发布，采用了时下流行的"淘宝体"，在3个多小时内被转载4800多次，引发网友热议。

"淘宝体"录取通知短信

"亲，你大学本科毕业不？办公软件使用熟练不？英语交流顺溜不？驾照有木有？快来看，中日韩三国合作秘书处招人啦！这是个国际组织，马上要在裴勇俊李英爱宋慧乔李俊基贤重RAIN的故乡韩国建立喔～此次招聘研究与规划、公关与外宣人员6名，有意咨询65962175～不包邮。"

这则微博的博主"外交小灵通"正是外交部试运行的微博平台，由外交部新闻司开设，以轻松、活泼的花絮性和知识性信息，打造一个公共外交平台。可见，以非正式的、轻松活泼的方式与人们在互联网上沟通交流，已经成为互联网言谈礼仪的主流。

（三）求新求异的风尚

现实社会中的交往大多是以血缘、地缘或业缘为基础的，由于这些因素制约，人们之间即使话不投机或性格不合也往往不能终止交往。在互联网上则不同，交往是以共同语言、心理认同和兴趣爱好为纽带的，决定交往与否的因素只是双方有没有共同语言、共同兴趣爱好。即使不同地域、不同种族、不同阶层，哪怕远隔万里、素昧平生、从未谋面，只要有心灵的共鸣、相通，都可以成为心心相印的知己，古代"海内存知己，天涯若比邻"的向往在互联网时代轻而易举地成为了现实。

与此相应，如想走近某个互联网文化圈子，或与主流的网民对上话，在言谈交往时则需要了解当下流行的文化话题。随着各种流行文化在互联网上的发展，一些热点话题的兴起，同样会给人们的言谈表达带来诸多新风尚。例如，一些影视剧的热播，掀起"甄嬛体""元芳体""TVB体"等新的语体形式的流行。

"元芳体"的创意来源于古装侦探系列电视剧《神探狄仁杰》。剧中的狄公经常征求助手李元芳的意见，从而借对话引出对案情的分析。李元芳的标准回答有两个：一个是"大人，我觉得此事有蹊跷"；另一个是"此事背后一定有一个天大的秘密"。2012 年 10 月，这一惯有片段遭到吐槽。更有网友截图总结，声称《神探狄仁杰》中的"元芳，你怎么看？"简直成了狄仁杰大人的口头禅，而李元芳的回答也固定化。此举竟在短时间内引发了连锁反应，将近半数的网友争相模仿，形成了"元芳体"。

案例一

甲：我现在还没有女朋友。元芳，你怎么看？

乙：大人，此事必有蹊跷。

人们在谈话中使用"元芳体"，可使整个话题诙谐化，引人一笑。2012 年 4 月，随着电视剧《后宫·甄嬛传》的热播，观众们在看电视剧的过程中，对里面古色古香的台词倾倒。剧中人物对话文艺范十足，语调不急不缓，口气不惊不乍，从容大方。"方才/今儿个……想必……极好/真正好……若是……倒也/定当……"这种语句也引起网友的效仿。网友将这种文体称为"甄嬛体"。很多网友平时说话聊天时也纷纷效仿，形成一股全民大造句的热潮。

案例二

本宫方才看到一处好地方的宣传海报了，场面甚是精彩，私心想若是能亲自前往观看定是极好的。奈何本宫囊中略有羞涩不便前往。心下想来，罢了，本宫定是无缘前去观看了。但若尔能诚心相邀，倒也不负本宫对你的疼爱了。

"说人话"：想去看那个好玩的地方，没钱。你请我，我就去。

许多网友在使用"甄嬛体"时，往往会在后面附上一个"说人话"的版本，以此衬托出"甄嬛体"的趣味。

而"TVB 体"，则是指大量套用 TVB 电视剧中的经典台词来吐槽或者寻求安慰，例如基本上在每部 TVB 电视剧中都会出现的"饿不饿，我给你煮碗面"之类的台词。这种新的网络文体被赞语言平实却"很疗伤"，成为新的吐槽方式并在网络上走红，深受网友追捧。

案例三

播报天气预报时：

发生这种天气，大家都不想的。老天的事呢，是不能强求的。所谓吉人自有天相，带没带雨伞都没关系，淋雨呢，最重要的是不要不开心。饿不饿，我给你煮碗面，啊噗……

细胞培养失败时：

呐，做细胞培养呢，最要紧的就是开心。成活率的事呢，是不能强求的。呐，细胞不贴壁，是它们不懂得珍惜。发生这种事呢，大家都不想的。呐，我买了你们细胞最喜欢的小牛血清，要不要一起给我长满一盘看看？

以上种种网络语言风格，都因其超出一般的言语交谈规则而备受青睐，其特点就在于突破传统的交谈壁垒，或是变得更幽默诙谐，或是变成更亲切可人，或是使人备感温馨，从而起到打破隔阂、增进交流的作用。

（四）网络社交导向

互联网的发展使人们获取信息的成本被无限降低，那些原本你一辈子也不会认识的人，突然一下子都变得触手可及了——是的，他们的微信号现在就在你的手机屏幕上。但是，先忍一下，请务必在添加好友的时候告诉对方你是谁。这不仅是对别人的尊重，更是微信给你的一次展现自我的机会。毕竟，对方完全有拒绝你的自由。

具体来说，就是在微信好友验证信息里，用最简单的话说清你的身份、你在哪里取得他的微信号、你加他的目的是什么等内容。这样显得既不唐突又有礼貌。如果超出字数限制，就展示姓名和核心问题。

案例一

你好！我是首都农场的推广员×××，我也在分销商内部群里，想请教你一些营销问题。谢谢！

在添加好友成功之后，添加人理所当然地应当主动发起对话，在说明自己的身份后，开门见山地说出目的，让对方知道你到底想从他那里获得什么，或者你能提供给他什么价值。如果目的是长期性的，那么起码打个招呼也好，就好比在现实生活中摆摆手微微笑。

在互联网社交行为中，"点赞"和评论也是最常用的表达方式之一。

点赞和评论是拉近社交距离的常用办法，可以增加与信息发布者的熟悉度，表示关注，其心理语言是"我记得你，关心你"。看到丰富多彩的微信朋友圈，尽管嘴上没说，网友脑子里也会出现类似上述的想法，进而免不了产生支持、赞同、偏爱等态度或欣赏、放松等主观情绪感受。出于心理上的认同，"点个赞"就成了人们处理微信朋友圈内容最主要、最基本的模式。"点赞"也可以表达不便用语言表达的内容，或不知如何用语言表达的内容。

除此之外，在微信朋友圈，对他人发表的有品位、有意思、富有正能量的状态"点赞"或评论，也是一种展示自我的间接方式。例如，对公益活动"点赞"，来展示自己的爱心；对精辟、富有哲理的内容进行评论，来展现自己的品位等。

（五）符号化表达取向

在现实生活中，人们的交流是面对面的，基于空间的具体地点而发生。互联网作为交往媒介的一个重要特点，就是把人类的交往和沟通加以抽象化，社会交往开始被图像、文字所抽象。在互联网上主体的存在只是一个 ID，人们的网络交往行为也必须依赖网络图标或符号才能进行。这些图标和符号不具备可感性和直观性，需要借助于人们的想象力才能在头脑中转换为生动鲜活的场景。而如果想在互联网上表达出现实社交中的丰富含义，对交谈语言的使用也就有了新的要求。

网络表情符号是由字符、文字、图片、视频等元素组成的通过视觉化的方式来呈现的一种非语言符号。随着网络新媒体的飞速发展，网络表情符号已经成为网民在网络社交空间互动交流最日常的一种全新方式。在表情符号制作、分享、传播过程中，它与生俱来的满足、调侃、释放、娱乐等意义的表达，既体现了网民们一定的社会心理、态度、情感，又彰显了其社会互动、调节的作用。

案例一

场景 A：

甲：今天终于放假了，我很开心。

乙：那我们一起出去玩吧。

场景 B：

甲：今天终于放假了，好开心啊！

乙：那我们一起出去玩吧。

上面案例的场景 B 中，使用了多样的表情符号，以充分表达喜悦之意。

善用表情符号，已经成为了互联网社交的重要技能。除了 emoji 系列表情包，还有以纯符号拼成的"颜文字"，其最大的特点就是只用单一的键盘符、标点或者两者的结合体就能模拟出人的面部和某种身体姿态，从而起到表达心情、传递情绪的作用。比如"（^o^）"表示开心，"ˋoˊ"表示生气，"（￣＿￣）"表示吃惊……

逐渐地，其他由照片和图像制作的各类表情包也井喷式地发展起来。这些表达都使文字交谈形式变得更为丰富，表现力更强。

表情包的使用应当恰如其分。社交聊天软件通常会提供多种类型的表情符号。例如，许多人常见的"微笑表情"：

在日常交流中，这个微信表情的表面意思是开心，但深层意思可能是鄙视、嘲笑甚至讨厌。因为根据微表情心理学，这个符号所表现的其实是一种假笑。如果仔细看此表情的眼睛就会发现，眼角附近的肌肉没有动，而嘴角的肌肉却抬高，同时眼珠往下，这是一种不友好甚至敌视的态度，用通俗的话说，这叫皮笑肉不笑。

而像下列表情，则更加符合真实的笑容所展现的意思：

根据传播学学者的研究，表情符号的使用，体现了网络社交互动性追求交流的便捷性与视觉化。对于网络表情符号的受传者（接收者），视觉传达上网络表情符号比文字有着先天的优势。在解码文字的过程中，信息接收者容易对信息发送者的语气、态度产生理解偏差，使传播效果大打折扣，而表情图像通过视觉化传达，传播效果事半功倍，如果再辅以文字表述，图文搭配的形式会让信息的准确度和可接受度更加凸显。而且，使用过程中表情符号的下载、存储、发送都比文字简单快捷，大大提高了传播频次和效率。

不仅如此，越来越多的各种表情包的出现，也满足了人们在互联网塑造自我、展现自我的需求。有学者提出："人们在社交媒体语境下，通过发送表情符号来设计、展示、塑造自我形象，实际上可以解读为一场关于'自我呈现'的表演。打开微博或微信朋友圈，可以看到用表情符号来展现自我状态的现象越来越多。除了把头像设置为表情外，连发朋友圈也形成了新的图文结构方式。无论是发朋友圈还是在线网聊，所发表情的类型可以在一定程度上判断发送者是什么性格类型的人。长期处于表情符号丰富的交流语境中，通过独特的表情符号进行自我表达、展现个性，会潜移默化地将'我'塑造为社交所需要的形象。"

可以说，网络表情符号发展至今，已成为网络空间交流必须掌握的"语言"。许多互动表达需要掌握符号背后的意义才能正确表情达意，与别人达成意义共享和情感交流。因此，正确使用网络表情符号的能力，已成为网络交流主体必须掌握的文化素养。

（六）个性化的表达取向

网络虚拟空间的交流会凸显自我个性，展现自己的表达风格。除了使用最新的网络体等集体性的网络社区语言倾向外，每个网民都希望用文字或符号反映出自己的风格特点。以句尾语气词为例，有的人习惯性地使用"哈"作为语气词，比如"好的哈""可以哈""没问题哈"；有的人习惯性地使用"咯"作为语气词，如"是的咯""好咯"；还有"啰""的呢"，以及词组"么么哒"等。再以标记符号为例，很多人打字时会带上自己偏好的标记。这些标记通常有类似于标点符号的作用，如"下午操场上踢足球啊～""有装备吗～"。总之，句尾不同的语气词不仅可以表达特定的语气，还能体现人的个性特点，甚至熟悉的人只要看文字内容就知道这可能是谁说的话。我们在网络环境下交谈时应当注意发现交谈对象的特点。当别人使用特定的表情或符号与我们交际时，我们不能一成不变、死板机械，也应该适当使用一定的表情符号或语气词回应对方的友善。

网络中个性化表达取向有时候不仅成为某个人的特点，还会形成一类人的特点。下面这则材料对微信中昵称的使用做了比较全面的归类。

> 昵称带有字母的，比如"AAA""A张"，大多是微商或代购者；
> 昵称带有特定工作信息的，如"××婚纱""××美发""××祛

痘"等，以个体经营户居多；

昵称带有电话号码的，如"××135××××4321""张135××××4321"等，以推销的个体居多；

昵称带有明星名字的，如"重度易烊千玺患者""我的鹿晗哥哥"等，大多是追星一族；

昵称带有"英文＋表情符号"的，如"sindy🌴""Alia🌻"等，以年轻女士居多；

昵称带有真实姓名或者人生格言的，如"幸福人生""能享受最好的，也能承受最坏的"等，以中年人士居多。

昵称不仅反映出群体的社会特点，还能折射个人的心理特征。例如：昵称使用"正在××中"（如"正在减肥中"）等，这类人多是活泼外向、喜欢交流的性格；而采用带有乳名、小名或谐音的昵称，如"大辉""囡囡""军儿"等，这类人多是亲和、随性的人。

追求个性的前提是理解共性。了解并把握这种具有共性的个性化特点，一方面可以让我们在交流时理解别人，有的放矢，最大限度地尊重别人；另一方面可以让我们在运用网络媒介进行交流时避免一些误区，使自己被别人理解。

此外，网络虚拟空间的交流具有自嘲、娱乐化、碎片化等多种特点，这都要求我们在网络虚拟空间与人交流时提高自己的辨别能力，既不被五花八门的网络乱象模糊了视线，也不能止步不前而自绝于网络社区。用好网络虚拟空间，认识网络社区的特点，遵守网络社区礼仪，理解并合理运用好的方面，规避不好的方面，我们就能获得愉快的网络体验，在与他人网上交流的过程中提升自己。

💬 延伸阅读

[1] 高永华.说话的艺术[M].石家庄:河北科学技术出版社,1989.

[2] 陈平.社交礼仪[M].北京:中国电影出版社,2005.

[3] 胡静.礼仪学[M].武汉:华中师范大学出版社,2006.

[4] 靳斓.商务礼仪与交往艺术[M].北京:中国经济出版社,2013.

[5] 金正昆.社交礼仪[M].北京:北京大学出版社,2005.

［6］　董小玉,周绪全.实用口才艺术［M］.重庆:西南师范大学出版社,2014.

📹 视频链接

1. 《现代礼仪》栏目《公关礼仪》第一集 "公关礼仪概述"。http://www. iqiyi. com/w_19rrc5f475. html？list = 19rroc2l56。

2. 《现代礼仪》栏目《公关礼仪》第二集 "形象·沟通·互动"。http://www. iqiyi. com/w_19rrc5fvjd. html？list = 19rroc2l56。

3. 《现代礼仪》栏目《公关礼仪》第七集 "交谈技巧"。http://www. iqiyi. com/w_19rrc5em1h. html？list = 19rroc2l56#curid = 1002425209_5356f72ebb22db961b7b728f9df786d6。

4. 《现代礼仪》栏目《公关礼仪》第九集 "电话技巧"。http://www. iqiyi. com/w_19rrc5eo91. html？list = 19rroc2l56#curid = 1002426409_e4a5b724e5c658ad9d9f21ab204c7242。

参考文献

［1］ 蔡少惠.话要这么说:练好口才的第一课［M］.北京:北京工业大学出版社,2016.

［2］ 陈浩.与领导说话的艺术:打动领导的超级说话术［M］.北京:团结出版社,2014.

［3］ 陈璐.旅游职业礼仪［M］.南京:江苏科学技术出版社,2009.

［4］ 陈建华.基础教育哲学［M］.上海:文汇出版社,2003.

［5］ 陈沫.学生礼仪［M］.北京:中国商业出版社,2009.

［6］ 陈佩雄.学会用人　学会管人［M］.长春:吉林音像出版社,2006.

［7］ 陈玉柱.科学育儿技巧［M］.北京:华龄出版社,1997.

［8］ 程培元.教师口语教程［M］.北京:高等教育出版社,2004.

［9］ 杜志红,陈德月.网络表情符号的意义生产［J］.中原文化研究,2017,5(3):48-53.

［10］ 多萝西·萨尔诺夫.交际言谈技巧［M］.傅祥,陈茜,译.南宁:广西人民出版社,1990.

［11］ 樊绍烈.管理定律［M］.武汉:武汉大学出版社,2013.

［12］ 房伟.决胜中层:中层管理者就该这么干［M］.北京:北京工业大学出版社,2014.

［13］ 冯为中.别输在不懂管理上:你最容易在管理上犯的101个错误［M］.北京:中国华侨出版社,2015.

［14］ 高光新,韩书庚,李东伟.言语交际基础［M］.长春:吉林大学出版社,2014.

［15］ 郭娅玲,黎钰林.教师礼仪［M］.长沙:湖南师范大学出版社,2017.

［16］ 何春晖.知书达礼:交往与礼仪［M］.杭州:浙江科学技术出版社,2009.

［17］ 何菲鹏.打开天窗说靓话:做一个善说、善听、善问的聪明人［M］.北

京:中国华侨出版社,2012.

[18] 何小娥.礼仪时尚[M].乌鲁木齐:新疆人民出版社,2001.

[19] 弘韬.你来我往有技巧[M].北京:中国工人出版社,1992.

[20] 胡百精.说话的艺术[J].国际公关,2017(1):8.

[21] 汇智书源.聪明女人们必懂的1000个心理学常识:图解案例版[M].北京:中国铁道出版社,2016.

[22] 姬广绪,周大鸣.从"社会"到"群":互联网时代人际交往方式变迁研究[J].思想战线,2017,43(2):53-60.

[23] 纪亚飞.纪亚飞教孩子学礼仪[M].北京:中国纺织出版社,2016.

[24] 《教师礼仪》编写组.教师礼仪[M].北京:新华出版社,2006.

[25] 孔洁,张葵葵.大学生职业礼仪与社交礼仪[M].北京:中国电力出版社,2012.

[26] 李佳.教师礼仪与文化修养[M].上海:上海交通大学出版社,2016.

[27] 李荣建.社交礼仪[M].3版.北京:清华大学出版社,2013.

[28] 李荣建.礼仪训练[M].3版.武汉:华中科技大学出版社,2015.

[29] 李向荣.实用礼仪训练[M].济南:山东人民出版社,2015.

[30] 林夕.职场升职计:细说升职阳谋[M].郑州:中原农民出版社,2012.

[31] 林长青.做一个会说话的好下属[M].北京:海潮出版社,2013.

[32] 刘维俭,王传金.现代教师礼仪教程[M].南京:南京师范大学出版社,2006.

[33] 刘文秀.卡耐基给年轻人的人生忠告[M].北京:中国法制出版社,2015.

[34] 刘晓佳,罗伟,毛雪松.教师的沟通素养[M].长春:吉林文史出版社,2013.

[35] 刘屹松.说话办事大全[M].呼伦贝尔:内蒙古文化出版社,2007.

[36] 留余.巧妙赞美给你的人缘加分[N].参考消息·北京参考,2005-04-12.

[37] 龙凹.与领导沟通的10堂必修课[M].北京:中国纺织出版社,2016.

[38] 鲁克德.领导口才是练出来的[M].上海:立信会计出版社,2016.

[39] 罗盘.心理学与交际之道[M].上海:立信会计出版社,2015.

[40] 罗盘.说话的艺术[M].上海:立信会计出版社,2012.

[41] 吕丽,李璐,杨春丽.说话的艺术[M].哈尔滨:东北林业大学出版社,2016.

[42] 诺曼·怀特.亲爱的,我们可以不吵架[M].蔺秀云,徐守森,译.北京:华文出版社,2014.

[43] 培根.论人生[M].杨向荣,译.西安:陕西人民出版社,2005.

[44] 人民教育出版社历史室.世界近代现代史[M].2版.北京:人民教育出版社,2006.

[45] 人民教育出版社中学语文室.听话和说话[M].北京:人民教育出版社,2005.

[46] 邵天声.《演讲与口才》文章荟萃[M].长春:吉林大学出版社,1993.

[47] 圣铎.说话的艺术:舌尖上的中国智慧[M].北京:中国华侨出版社,2013.

[48] 宋秋实.跟汪涵学说话之道:策神是怎样炼成的[M].北京:新世界出版社,2011.

[49] 苏瑾.做个人见人爱的性格美女[M].北京:北京时代华文书局,2015.

[50] 孙海燕,刘伯奎.口才训练十五讲[M].3版.北京:北京大学出版社,2015.

[51] 孙启,江帆.善于倾听,学会说话[M].北京:北京工业大学出版社,2016.

[52] 孙汝建.口语交际艺术[M].武汉:华中科技大学出版社,2013.

[53] 唐元棣.师范生人生与道德指南[M].南昌:江西人民出版社,1992.

[54] 吴朝晖,赵淑芬.职业素养训练[M].北京:中国水利水电出版社,2016.

[55] 武庆新.人脉:人生最有价值的投资[M].北京:北京工业大学出版社,2012.

[56] 夏子轩.一切改变从欣赏开始[M].北京:中国华侨出版社,2012.

[57] 熊刚,彭智平.师范生基本素养与道德养成[M].成都:四川大学出版社,2013.

[58] 徐默凡.周末读点口才学[M].上海:上海交通大学出版社,2012.

[59] 徐思益.说话的艺术[J].语文建设,1986(6):29.

[60] 许文娟. 每天一堂北大人文课[M]. 北京:台海出版社,2013.

[61] 许晓芳. 守礼明德 儒雅修为:中学生德行修养的探究与实践[M]. 上海:上海教育出版社,2015.

[62] 许云倩. 东区故事[M]. 上海:上海人民出版社,2016.

[63] 严穆. 没有口德,就没有品德:最受欢迎的口才修养与说话技巧[M]. 北京:中国华侨出版社,2012.

[64] 姚兴. 学会与领导说话的 99 个技巧[M]. 北京:北京工业大学出版社,2013.

[65] 应天常,王婷. 主持人即兴口语训练[M]. 2 版. 北京:中国传媒大学出版社,2014.

[66] 袁涤非. 教师礼仪[M]. 北京:中国人民大学出版社,2018.

[67] 袁涤非. 女性现代礼仪[M]. 长沙:湖南大学出版社,2016.

[68] 袁涤非. 商务礼仪实用教程[M]. 北京:高等教育出版社,2016.

[69] 袁涤非. 现代礼仪[M]. 北京:高等教育出版社,2014.

[70] 郑百灵,谢建社. 论互联网人际交往的特征及类型[J]. 江西师范大学学报(哲学社会科学版),2004,37(3):30-33.

[71] 中国社会科学院语言研究所词典编辑室. 现代汉语词典[M]. 7 版. 北京:商务印书馆,2016.

[72] 周鸣阳,许爱玉. 找准你的位置:大学生求职与职场制胜方略[M]. 杭州:浙江大学出版社,2014.

[73] 诸葛文. 每天学点文化常识[M]. 北京:中国法制出版社,2015.

后 记

言谈礼仪历来受到人们的重视，不少专家、学者都对此做过研究，并取得了很好的成果。本书是在吸收他们的研究成果基础上编写而成的，这里谨向他们表示感谢。由于本书是通识性读物，所引资料难以一一注明，仅在文末标注主要参考文献，敬希专家、学者鉴谅。

在编写本书过程中，湖南大学袁涤非教授和东北大学出版社郭爱民社长给予了较多的指导和帮助，学生夏欣欣、王君颖、任雯婧、蒋细珠、付振华、肖丽享、石龙姝、扶玉君、贺升、康雅静、欧阳洁、邱俏、胡菁菁等在资料搜集与写作上给予了一定的帮助，复旦大学博士生杨志君帮助修改了本书的部分章节，在此一并致谢。

《言谈礼仪》编写分工如下：第一章由刘吉力、袁涤非编写，第二章由刘吉力、王牛编写，第三、四章由刘吉力编写，第五章由郝锐编写，刘吉力负责统稿工作。此外，本书中的视频录制由王牛负责。

由于时间仓促、水平有限，本书难免会有缺点甚至错误，希望广大读者不吝批评指正。

编著者

2018 年 4 月